一章

清く正しくささやかに

JN082589

に息づく、小さな洋食店。

た場所の近くには、決まって洋食があった。

華やかな人々は新しいものが大好きで、

する、日本で先端をいく食べものだったから。

今、花街の賑わいは消えてしまったけれど、洋食は静かに引き継がれている。

先人の教えを守り、実直に、忠実に。

そしてひと握りの人のためだった洋食は、街の人の、日々のご馳走になった。

変えようのない料理

グリルエフ

住：東京都品川区東五反田1丁目13－9
電：03－3441－2902
営：11時～14時LO、17時～20時30分LO ※夜は売り切れ終いあり
休：日曜、祝日定休

五反田の駅前なのにすぐにはわからない、この不思議な路地裏に七十年。「グリルエフ」を見つけたときは、何にか、すごく感謝した。生い茂る蔦《つた》にラッピングされた石と煉瓦《れんが》の三階建て。アーチ形の門を抜けると、昭和の小ぶりなテーブルと椅子がおもちゃのように並んでいる。古くても大切に磨かれてきたものにしかない清々しさは、真っ白なクロスにも、律儀に並んだ調味料のセットにも、シェフの山高帽《やまたかぼう》にも宿っている。

今なお、昼も夜も並ぶ人の絶えない洋食屋である。おもちゃの家にきゅきゅっと詰め合う、おなかを空《す》かせた大人たちを眺めれば、メニューも見ずに「ポタージュを」と告げるおじいさん、「ハヤシのごはん半分で」と注文する若い女性、秋冬だけのカキフライを見つけてビールを決め込む男性二人組。それぞれのお喋りが渦を巻いているところ

へ、油の揚げる音、卵を攪拌《かくはん》する音、肉を叩く音。厨房からはおいしい音が漏れてきて、それと連動してシェフの丸い背中は常に動いている。いかにも間違いのない背中である。

シェフの長谷川清さんは三代目。代々、この店は先輩から後輩へとバトンが渡されてきた。初代オーナーの野呂宣生《のぶお》さんとシェフの斉藤公男さんは、戦前、上流階級の御《ご》用達《ようたし》であった銀座「Ａ１（エーワン）」出身。アメリカ帰りのオーナーが有志を募ってカフェーから始め、人気を博して欧米料理店となったものの、第二次世界大戦で閉業を余儀なくされた悲運の店。「グリルエフ」は昭和二十五年（一九五〇年）、二人がこの「Ａ１」を思い、規模は小さいが石と煉瓦、ゴシック様式のアーチなどを模して開店した。ちなみに「エフ」の名は野呂さんの出身地、三重県二見ヶ浦《ふたみがうら》の頭文字で「Ｆ」。

長谷川さんは十八歳で「グリルエフ」に入り、斉藤シェフに師事した。以来、勤続四十五年。ほかの店でも修業したいと考えたことはないですか、と訊《たず》ねると、「よその店で食べても、やっぱりうちのシェフの味がおいしいって思うので」と返ってきた。大正四年生まれの斉藤シェフは、西洋料理の名門「上野精養軒」などで修業をしながら、法政大学の夜学を卒業した勉強家。英語、フランス語を習得し、和歌を嗜《たしな》み歴史にも詳しい。ジェントルマンで、長谷川さんは厨房で怒鳴られたことなどないという。

「シェフの仕事はとにかく丁寧なんです。手間も時間も、かけるべきものはかける」

ソースやマヨネーズの自家製は言わずもがな。デミグラスソースは創業以来、継ぎ足しの味である。小麦粉をギリギリまで炒り、人参・セロリ・玉葱は大量に素揚げしてから牛すね肉のブイヨンと炊く。赤ワイン、シェリー、日本酒の割合や複雑なスパイスのバランスを調律するのは、数字ではなく料理人の舌だ。斉藤さんの塩梅《あんばい》を実直に引き継いだデミグラスソースは、旨味とほろ苦さと香りとが深みをもって混ざり合う。

ゆえに、このソースを堪能すべくハヤシライスが飛ぶように売れてゆくのだが、カニコロッケもぜひ食べてほしい。自家製のベシャメルソースに、ゆでほぐしたタラバガニと卵をたっぷりと加えているから、中は卵色。口に入れると液体寸前のとろとろ、ふわふわ。繊細なカニの風味を生かすため衣にはごく細かいパン粉を使い、注文ごとに、新しい大豆の白絞油《しらしめあぶら》で揚げている。メニューやレシピだけでなく、「かけるべきものはかける」斉藤さんの在り方もひっくるめて、教わったすべてを守ろうとする。それが「グリルエフ」の味。自分の個性を打ち出したアレンジを、とは発想すらないという。

「変えようがないほど完成されているから、それを変える自信なんてありません」

心底尊敬できる人物と、その仕事に出合ってしまった人の宿命だろうか。ともあれ、正しく継いでいくという長谷川さんの仕事によって、昭和の先人が完成した味を、私たちは二〇二〇年も食べることができる。ちなみに野呂さん亡き後は、接客係をしていた妻のキクさんが二代目となった。斉藤さんは厨房の仕事に徹し六十九歳で引退、翌年に他界されたというから、まさに生涯現役だった。

カニコロッケ1,500円（税込）のしずく形は、フランス料理の祖といわれる
エスコフィエの料理から。ほろ苦い大人の味、ハヤシライス1,300円（税込）。

厨房の煙や油が客席に流れないよう設けたガラスの仕切り、特注の家具など、
今では作れないデザイン。70年間、まめに拭き掃除をして美しく保っている。

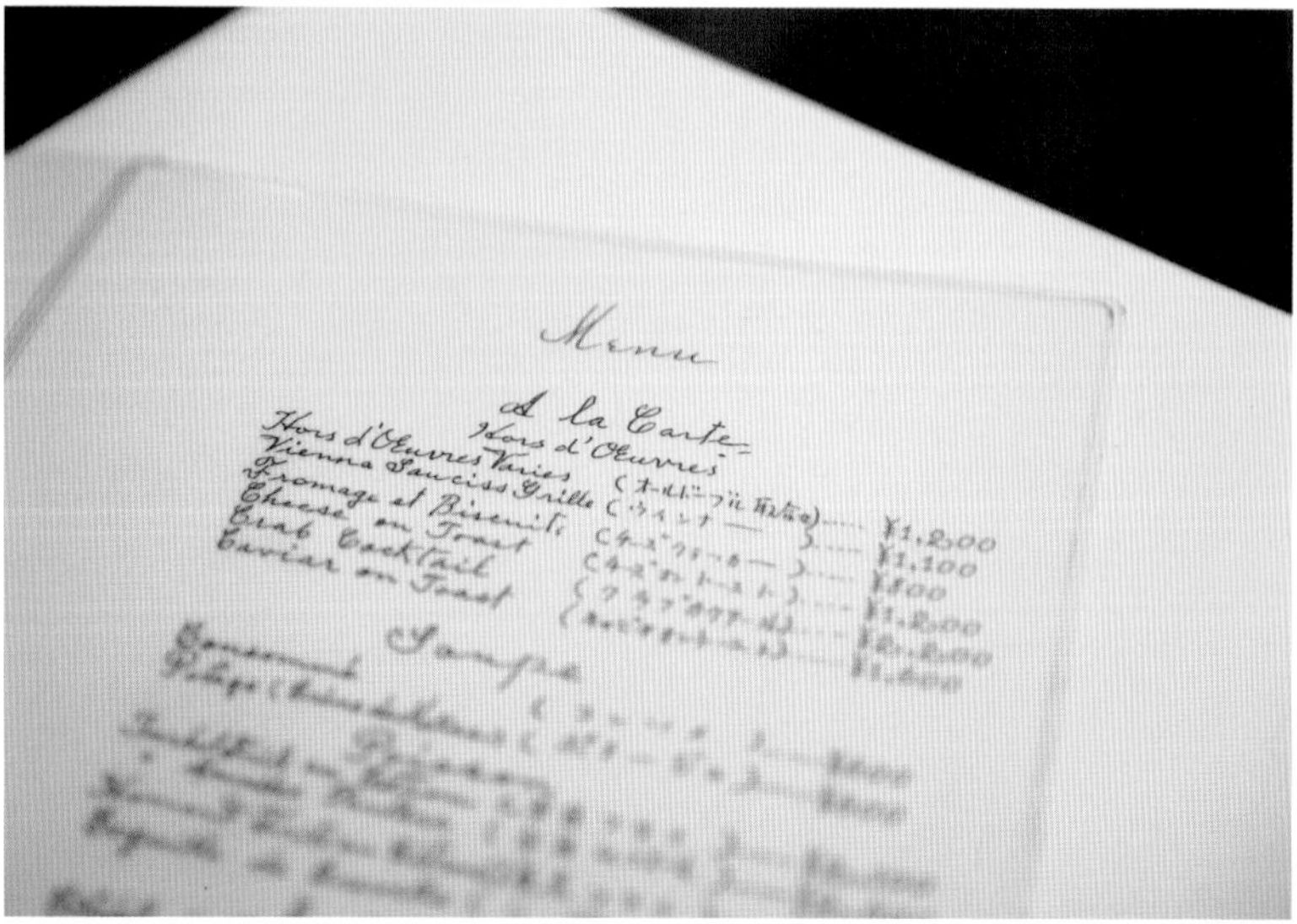

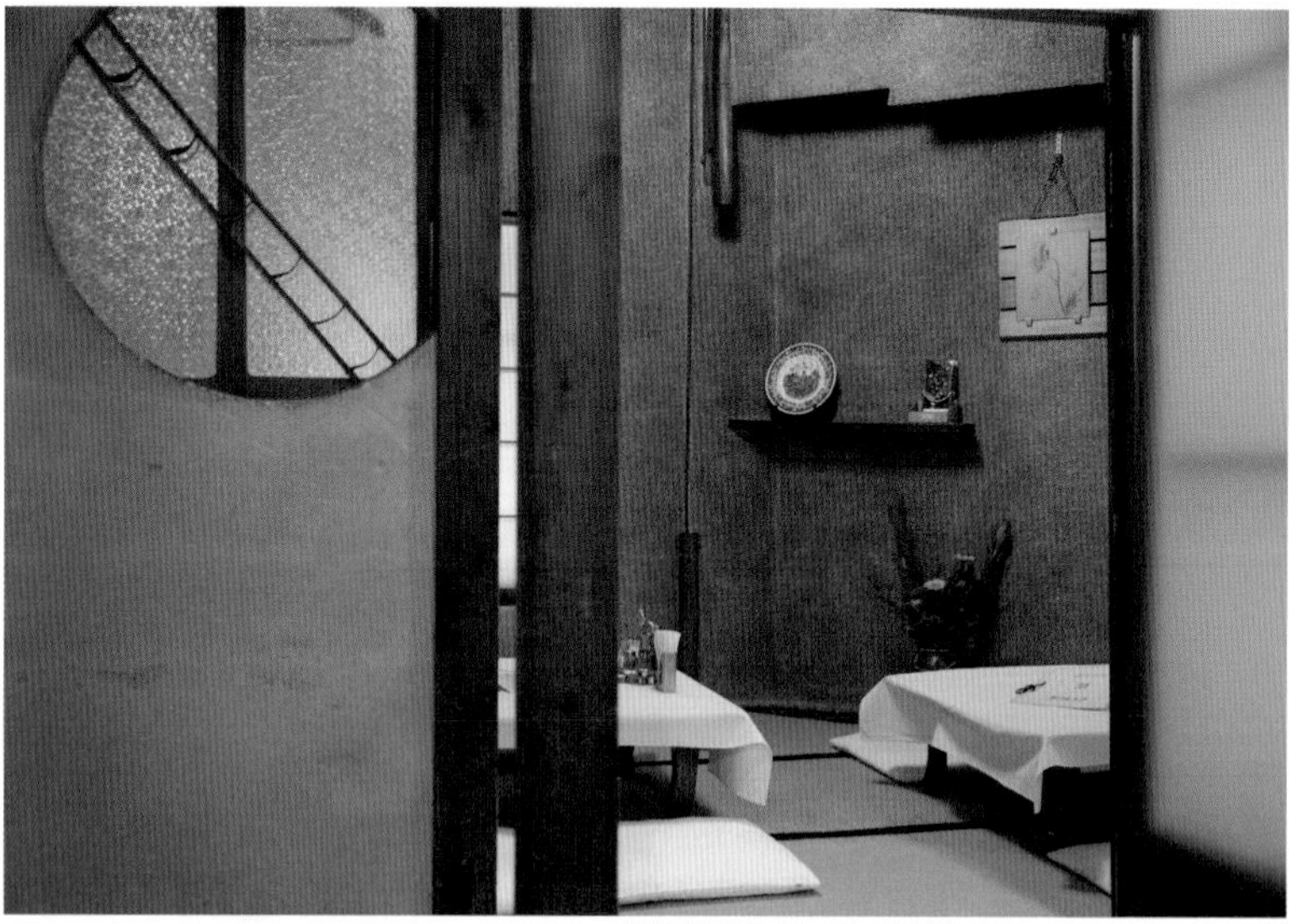

（上）日本語とフランス語が併記された、斉藤シェフの手書きメニュー。
（下）2階のお座敷は、座卓に白いクロスという素敵な和洋折衷。20名まで。

アーチを描く石造りのエントランスは「A1(エーワン)」を再現したもの。
高度経済成長期、五反田駅東口の一帯は歓楽街だった。

洋食は花街に育まれた

グリルグランド

住：東京都台東区浅草3丁目24−6
電：03−3874−2351
営：11時30分〜13時45分LO、17時〜20時30分LO
休：日曜、月曜定休

花街《かがい》というのは花柳界のこと。料亭、待合（茶屋）、置屋（見番）の三業または二業を認められたエリアで、最盛期といわれる戦前の東京では、二十一区におよそ六十箇所も存在している。社交場の機能を持つこの街が、洋食文化に大いに貢献してくれた。というのも、花街が元気な時代の洋食は、最先端の料理。旦那衆のステイタスであり、芸者衆に受けがよく、お座敷の仕出しでも置屋の出前でも大人気だったのだ。

「グリルグランド」は昭和十六年（一九四一年）、東京を代表する六花街の一つ、浅草に開業した。花柳界もあるが、劇場や映画館が集まる歓楽街でもある。初代・坂本友治郎《ともじろう》さんが修業したのは赤坂の山王ホテルや人形町の洋食屋だったけれど、「これからは浅草だ」と胸踊らせてやってきたのだ。しかし同年に第二次世界大戦が勃発。昭和二十年の東京大空襲によって、浅草の街は壊滅的な被害を受けた。

それでも浅草はたくましく、戦前を超えるエンターテイメントの街として返り咲く。世の経済が三段飛びに成長していくにつれ、盛り上がるのはやはり花街。「グリルグランド」では浅草を越えて向島の花街にまで配達に出かけ、店には運転手つきの車で乗りつけるお偉いさんたちが深夜の二時三時までひっきりなしだ。彼らは一般庶民でなく、裕福な人々である。友治郎さんの息子、二代目の譲一さんは昭和十七年生まれ。高度経済成長期の華やぎを、子どもの頃から目の当たりにしてきた。

「この時代のお客さんはメニューなんか見ないんです。こういうものが食べたいなぁ、じゃあこんなの作りましょうか、というふうに会話から探っていきました」

　たとえば友治郎さんの看板はビフテキ（ステーキ）だが、ある常連客が「この上等なヒレ肉でカツレツをやってくれ」などと贅沢なことを言い出して、そしてまた受け入れてできたのが「グリルグランド」の牛ヒレカツ。で、揚げれば今度は別の誰かが「これをパンに挟みたい」とのたまって、牛ヒレカツサンドがあみ出された。

　できることなら、私は見知らぬこの人たちと握手をしたい。官能的なほどしっとりとした肉の食感に、やわらかなパンが同調し、何の抵抗もなく歯が入る快感。とんかつソースがしみ込んだ衣とキャベツが馴染《なじ》んで、やがて一体となっていく恍惚《こうこつ》。このうえなく艶っぽいサンドを今、口にできるのだから。さらに牛ヒレカツはこの後、おちょぼ口のお姐さんには厚すぎて口の周りが汚れてしまう、と薄いカツ＝ウスカツにも派生した。この店の料理は多くが、そうして食べる人を思い遣ってきた足跡だ。

七十七歳になる譲一さんは今も店にいるが、厨房は次男の良太郎さんが継いでいる。フレンチやイタリアンを計八年修業したうえで実家へ帰った彼は、長年の常連にも「変わらないね」と言わせる味に着地させながら、本当は、気づかぬように変えている。

「デミグラスソースなどは、昔の通りに再現するとかえって重く感じると思います」

時代を経て食材も変わったが、何より人の生活が変わり、毎日食べるものが変わり、趣向が変わったからだ。人の味覚は時代で移りゆく。初代のデミグラスソースに、彼は鶏ガラやホールトマトを加えて軽やかにし、赤ワインや隠し味のビターチョコレートできりっと仕上げる。ただし、三代続く仕事は守る。揚げ油はラード（豚の背脂）にファット（牛脂）を加えて毎日二十キロ、一時間以上つきっきりで火にかけ、上澄《うわず》みを取って完成する自家製だ。コク深く、カラッと揚がり、少しもたれない。

浅草の名物お母さん、母の洋子さんも接客の現役。二年前からは、会社員だった兄の昌一さんも店に戻って弟を助け、経営など料理以外をすべて担当するようになった。

「あと二十一年で百周年。その日を家族で迎えたい」

今年の東京オリンピックが終わったら、「グリルグランド」は建て直す予定だそうだ。浅草っ子は今日より明日、いいほうへ。たくましく生きていくのである。

カナディアン・ロッキーのウッドを埋め込んだ壁の一角は、36年前に改装。
グリーンのテーブルクロスは、クリスマスだけ赤になる。

（上）長年ずっと裏メニューだった、牛ヒレカツサンド4,400円（税込）。
（下）ふわとろの卵とデミを味わう、特製オムライス1,760円（税込）。

昭和の家具は堅牢で、かつ美しく、革張りの椅子は座り心地もいい。
店内には親戚から贈られた絵画、洋子さんの集めたクリスタルの小物も並ぶ。

たった一人の職人がつくった世界

アカシア

住：東京都新宿区新宿3丁目22－10
電：03－3354－7511
営：11時～22時ＬＯ
休：火曜定休（祝日の場合は営業、翌水曜休み）

昭和三十八年（一九六三年）の創業当時、店のマッチ箱に書かれた住所は〈二《に》幸《こう》裏〉だけ。かつてアルタの場所に立っていた食品デパート「二幸」の裏だから。それで通じたなんて大らかな時代だなぁと思う。新宿は、時代、時代でさまざまな貌《かお》を持ってきた街だ。闇市に横丁に赤線地帯。高度経済成長期には演劇やジャズなど若者文化が流れ込み、百貨店では奥様がお買い物。外国人は労働者も観光客も増え続け、東洋一の巨大歓楽街も広がっている。ユニークなのは、それらが街を分け合って共存していることだ。「アカシア」は、カラオケやゲームセンターの並ぶ一画にある。だからこそ店の前まで来ると、時空の落とし穴に落っこちた気がしてしまう。ヨーロッパの村のレストランかと思う木彫りの看板に、木枠の窓。店の中へ入ると、格子《こうし》の天井からアールを描く柱、腰壁に床までチーク材がふんだんに使われている。昭和のガラス細工によるペンダントライト、葡萄《ぶどう》の蔓《つる》を模した間接照明、猫脚の椅子は深紅のビロード張りで、背もたれには白いカバー。半世紀以上、ここは新宿と切り離された世界を保ってきた。

戦後、「新宿高野」の向かいあたりでフルーツパーラーを営んでいた鈴木栄一さんが、区画整理で今の場所を割り当てられた。東京は最初のオリンピック目前。彼はこれから急ピッチで国際化するだろうと時代を読んで、弟で料理人の邦三さん、妹で接客係のあゐこさんと一緒に、三人きょうだいで始めた洋食屋である。長男の栄一さんが、それはそれは趣味人だった。彼はどこからか定年退職した腕のいい大工を探しあて、驚いたことに、店のすべてをたった一人の職人に依頼した。あの看板から内外装、家具、装飾に至るまで、だ。「どれだけ時間がかかってもいい」と任せるオーナーの度量も大きいが、それに応えて外国なるところを想像し、つくり上げた職人の力量にも舌を巻く。いやむしろ一人だからこそのびのびと、独創的な世界観が築かれたのかもしれない。

洋食は、鈴木家のおふくろの味である。三人の母、武子さんは行儀見習いに行った横浜で洋食を知り、子どもたちによく食べさせたというハイカラな女性。なかでも十八番《おはこ》がシチューだった。「アカシア」といえば、のロールキャベツシチューは、母のシチューをベースに、邦三さんが自分の好きなキャベツで肉を包み具材にしたものだ。丸ごとゆでてから太い葉脈を叩き、合い挽き肉と玉葱の団子を丸め込み、鶏スープで煮る。バターもミルクも使わず、小麦粉とラードで作ったルウをスープでのばし、団子を煮込んで火からおろし、同じ時間だけ寝かせて味をしみ込ませる。

なぜバターのルウではなかったかというと、それが武子さんの味だからだ。一般家庭ではバターが手に入りづらかった時代の、母の工夫。ラードでは香ばしさが足りないからベーコンで燻製香《くんせいこう》を加え、結果、軽くさらっとした独特のシチューが完成した。

「初代のきょうだいが愛した理由がわかります。自分たちだけでなく、みんなに愛される味。野菜で包むという発想も料理としておもしろいですよね」

そう語るのは邦三さんの長男で、二代目を引き継いだ康太郎さん。現在はさらに三代目、彼の二人の息子たちが役割分担しながら店を支える。ちなみに「アカシア」で使われるソーセージは、ドイツでハムやソーセージの職人となり、現地で店を構えた邦三さんの次男・邦彦さんによるものだ。

「アカシア」というどこか切ない名前は、栄一さんがつけたのだそうだ。第二次世界大戦で出征し、患《わずら》い、入院した病院の窓からアカシアの白い花が見えたから。もう日本には帰れないかもしれないけれど、でも、もしも帰れたら「アカシア」という名の店を作ろう。そういう希望の名前である。「普遍」とはなんだろう、と考えずにいられない。スクラップ&ビルドを繰り返すこの街で、ごく個人的なもの——思い出と母の味、一人の職人がつくった世界——は時代を乗り越えてゆく。

外国のレストランに設えられたバーカウンターのよう。
艶光りする板、ビールサーバーの形。「洋食で呑める」店でもある。

(上) 絵本の挿絵のようなマッチの柄もアカシアの木。
(下) スプーンだけで割れる、ロールキャベツシチュー2貫とご飯850円(税込)。

ショーケースのカーブしたガラスは、自動車の技術を使ったもの。
シチューはほかにポークやビーフなど。単品料理との組み合わせも可能。

贅沢な素材と、職人の技術が生きる店内。この隣にも趣の違う空間があり、
以前はバー、もっと前はフルーツパーラーを営んでいた。2階は貸切用。

じいじの味

グリル佐久良

住：東京都台東区浅草3丁目32－4
電：03－3873－8520
営：11時30分～13時45分LO、17時～19時45分LO
休：火曜、水曜定休

カウンターでビーフシチューを待っていたら、店の奥にある厨房から、「ばあば」と呼ぶ甘い声が聞こえた。女将さんが店の奥に一瞬消え、湯気の立つ鉄皿を持って再び現れる。シチューというよりソースに近いだろうか。つややかなブラウンの液体が、ギリギリ形を保っていると思われる牛肉にまとわりついて、いかにもとろりとした風情だ。丁寧に面取りをした人参、青々としたブロッコリー、ちょんと添えられたじゃがいものトリオ。微塵《みじん》のてらいもない、なんて素直なビーフシチューなんだ。

声の主は、二代目シェフの荒木優花《ゆか》さんだった。赤ん坊の頃から母の実家、冨樫正和さんと幸枝《ゆきえ》さんが営む「グリル佐久良」に連れられて来て、座布団がベビーベッド。母が店を手伝う間、お客にあやされ可愛がられて、店に集まる人々の中で育っていった。

「祖父母が仲よく働いている姿を見るのが好きで、居心地がよくて、家に帰りたくないと駄々をこねては困らせていました」

だから正和さんが七十歳を前に「店を閉めようか」と言い出したとき、とっさに「まだやめないで」という言葉が口をついて出た。店を継ぎたいと考えたのではない。じいじと一緒に働きたい、と思ったのだ。一日でも早く料理人になって、じいじの料理を教わりたいという、ただそれだけ。有言実行、優花さんは調理師免許の取れる高校を出て、すぐ「グリル佐久良」に入る。かけもちで週三日はよその飲食店でアルバイトし、店の回し方や実践的な技術などの経験値を積んだ。正和さんが他界したのは、その四年後だ。ギリギリ間に合ったともいえるし、間に合ったけどギリギリだともいえる。自分一人で厨房に立たなければならなくなったとき、彼女はまだ二十二歳だったのだから。

かつて祖父が独立した歳は、五つ違いの二十七歳だ。十五歳から浅草「御座敷洋食佐久良」で修業し、出前先の料亭で働いていたのが同い年の幸枝さん。二人は結婚して、昭和四十二年（一九六七年）、本店からの暖簾《のれん》分けで開店した。最初は竜泉《りゅうせん》近くで七年、それから浅草寺の裏側、通称「観音裏」と呼ばれるこの場所へ。面倒見のいい店主と、美人の若女将。正和さんの料理は、人柄を映すようなやさしい味わいだったという。デミグラスソースは時間をかけて煮詰めたうえで、濾して濃度をさらっとさせる。このソースを使って煮込むビーフシチューには牛のバラ肉を使用。火にかけながら余分な脂をこまめに取り除き、残った純度の高い脂の甘味を生かす。

優花さんは味覚に影響が出ないよう朝食抜きで仕込みを始め、注意深く、祖父の味と寸分違《たが》わぬように調《ととの》える。もし少しでも自分の味に傾いてしまったなとよぎったならば、直ちに修正し、しきれないときは捨ててしまうほど「違わない」ことに忠実だ。

「私は料理を作りたいというよりも、じいじの味を継ぐために料理人になったので」

店を継いだばかりの頃は、誰が作っているか知らずに食べてもらうため、厨房から一歩も出なかった。今でも「ああ、この味」と言われるとほっと胸を撫《な》でおろすと彼女は言う。でも、ニンニクライスを食べたときのことだ。目視できないほど超みじん切りにしたにんにくを、焦げ色がつかないようバターで炒め、ごはんを絡めた白いニンニクライス。でしゃばらないがほんわりと香るにんにくの存在感が非常に好ましく、私には、優花さんそのもののように感じられた。

五十三年切り盛りする幸枝さんは、相変わらずお綺麗なうえ気っ風がいい。若い男性には「ごはん多めにしといたわよ」とおなかいっぱい食べさせ、閉店後に覗き込むお客には「ごめんなさいね」と明るく謝る。現役バリバリ、しゃきっとした性格だから可愛い孫娘にだって負けちゃいない。ということで二人はしょっちゅう喧嘩するけれど、言いたいことを言い合ってあとはさっぱり。「じいじが大好き」「旦那さんが大好き」でつながる場所だからだろうか、「グリル佐久良」には確実に、正和さんの気配がする。

エプロン好きの幸枝さん、「若かりし頃は思い切りフリフリを着ていたのよ」と
カラッと笑う。正和さんとは評判のおしどり夫婦だった。

祖父の代からのデミグラスソースを継ぎ足して作るビーフシチュー2,500円と、
人気の厚切りトースト350円(ともに税込)。箸袋は常連客の手作り。

浅草でも観音裏はかつて料亭が多く、華やかな地域だった。
「グリル佐久良」は昭和42年創業、49年に移転。現在の店舗は60年に建てたもの。

フランスを知る世代

レストラン大宮

住：東京都台東区浅草2丁目1－3
電：03－3844－0038
営：11時30分～14時LO（日曜は14時30分LO）、17時30分～20時LO（土曜は17時～20時30分LO、日曜は17時～20時LO）
休：月曜定休（祝日の場合は営業、翌火曜休み）

半世紀級の洋食屋がゴロゴロ健在な浅草で、昭和五十七年（一九八二年）創業、三十八歳の店は十分に若手だ。西洋を知らずに手探りで洋食を作ってきた時代は過ぎて、「レストラン大宮」の初代で現役の大宮勝雄シェフも、次期二代目の延藤《えんどう》光昭さんも渡仏経験者。つまり、日本人がすでにフランスを知り、海外修業があたりまえになった時代の洋食屋である。という事実を、帆立貝のフライで実感している。まるで肉のような噛み心地の分厚い貝柱にもテンションは上がるが、何より、出合ったことのない衣。パン粉はまさに粉のように細かく、パンの香ばしさと卵の風味が漂う。この衣に守られて、中の帆立貝は甘み旨みを最高値まで引き上げる。八丁《はっちょう》味噌《みそ》を加えたソースも、和のようでいてじつはフレンチのタルタルだ。で、一皿まるっと食べきってなお胃が軽い。

この店のパン粉は、フランスパンを焼くことから始まる。乾燥させて粉砕すると、香ばしいパン粉ができあがる。この粉を、卵を絡ませた帆立貝にふわりとまとわせ、揚げ油へ落とす。油はラードでなく、オリーブオイルとサラダオイルである。二つの油を組み合わせることで沸点が変わり、カラッと揚がるのだそうだ。道具も重要。油の温度が変動しにくいスキレット（厚手の鉄鋳物《てついもの》鍋）を用い、温度を微細なピッチで調節しやすいプラック（鉄板式のレンジ台）の上で、一皿分ずつじわっと揚げていく。

昭和二十五年の浅草で生まれた大宮さんの、原点は洋食にあった。ハレの日に家族揃って、ナイフとフォークで食べるところ。そこから西洋料理に憧れて、日本、ニュージーランド、イギリス、フランス、ギリシャ、モロッコで学んだ。さまざまな国の料理を見て帰ってみれば、ぐるっと回って、一番おもしろかったのは原点だと気がついた。

「洋食はソースを食べる料理。カレーもハヤシもオムライスも、ドリアもそうですよね。ソースの技術がしっかりとあれば、バリエーションは無限に広がるんです」

新しい洋食、自分の洋食を追求したい。生粋の浅草っ子である彼曰《いわ》く、浅草は新しきを受け入れる街、同時に、古きを大事にし続ける街でもある。「レストラン大宮」の二階からは、観音通りを練り歩く三社祭《さんじゃまつり》の大神輿《おおみこし》が見える。古い祭だ。でもそういえば弘前のねぷたも、ブラジルのサンバカーニバルもすっかり風物詩になっている。世代も時代も国籍も交錯するこの街で、今は若手の洋食屋もまた、やがて老舗になっていく。

（上）スキレットはふっくら揚がり、ソテーでも焼き目がパリッと仕上がる。
（下）たっぷりの野菜もうれしい、帆立貝のフライ1,700円（税込）。

ぽってりと厚みのあるカウンターに、赤いビロードのスツール。狭さが落ち着く1階は9席。
2階はテーブル16席で、窓からは隅田川の花火も見える。

「レストラン大宮」は、浅草・観音通りのつきあたりに建つ。
路地のはす向かいは、大宮シェフの娘2人が営むカフェ「オオミヤ姉妹」。

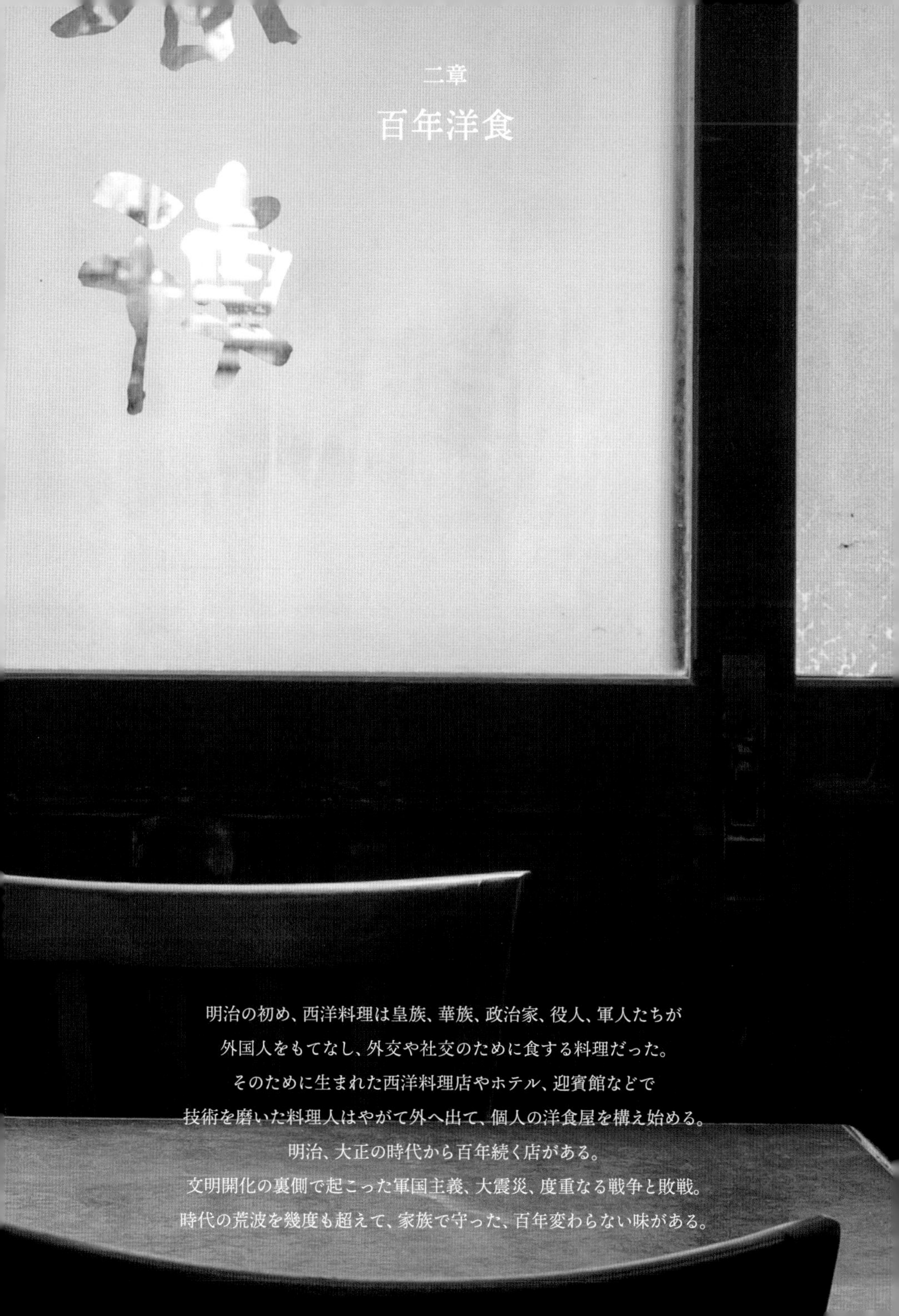

二章

百年洋食

明治の初め、西洋料理は皇族、華族、政治家、役人、軍人たちが
外国人をもてなし、外交や社交のために食する料理だった。
そのために生まれた西洋料理店やホテル、迎賓館などで
技術を磨いた料理人はやがて外へ出て、個人の洋食屋を構え始める。
明治、大正の時代から百年続く店がある。
文明開化の裏側で起こった軍国主義、大震災、度重なる戦争と敗戦。
時代の荒波を幾度も超えて、家族で守った、百年変わらない味がある。

うちのカツ丼は、和食にあらず

小春軒

住：東京都中央区日本橋人形町1丁目7－9
電：03－3661－8830
営：11時～14時、17時～20時（土曜は昼のみ営業、売り切れ終い）
休：日曜、祝日定休

「小春軒」のお昼どき、拍手が聞こえて振り返ると、二人組の若い女性がきつね色の山盛りを前に歓喜していた。特製盛合せだ。海老、カツ、白身魚など五種類のフライにイカやマグロのバターソテー、ポテトサラダものっかったフルスイングの皿である。

「こないだ、八十過ぎのおばあさんがこれにメンチカツも足してって。量が多いですけど大丈夫ですか？　って訊いたら、〝だって私、食べに来たんだもの〟ってペロリよ」

可愛らしい声で笑う女将さんは三代目・小島幹男さんの妻、絹子さん。夫妻は八十歳を過ぎて現役。四代目の祐二さん、五代目となる祐太さんと三世代家族で営んでいる。

明治四十五年（一九一二年）の創業、人形町で一〇八周年を迎える洋食屋。名前の由来は、一つには春先に開店したこと。もう一つは、初代・種三郎さんの年上女房がはるさんだから、小島とはるで「小春軒」。種三郎さんは栃木から上京し、たまたま得た職が洋食の草分け「築地精養軒」の下働きだった。生真面目《きまじめ》なうえよく気が回るため料理人に昇進、やがて内閣総理大臣・山縣有朋《やまがたありとも》のお抱え料理人に指名された。軍、政治、戦争が混濁《こんだく》したご時世、山縣氏は、種三郎さんの料理なら安心して食べたという。

「初代は厳しい人でしたが、孫の私にはやさしかったんです」

幹男さんによく作ってくれたのが、カツ丼である。割下にデミグラスソースを加えてたれを作り、揚げたてのひと口カツをさっと煮る。くぐらせるだけじゃもの足りないから、衣にしっかりしみ込ませる。卵とじにせず目玉焼きをのせたのは、和食にあらずという主張であり、卵が貴重な時代、うちは一個丸々使ってますよという証明でもあった。

大正十二年の関東大震災では、大規模な火災によって店が焼失。ゼロから立て直すと、今度は戦争で焼失。それでも命は助かった。二代目の要二郎さんは闇市へ行ってベルトを売っては米に替え、帽子を売っては野菜に替え、気軽な洋食屋として再建した。以来、「小春軒」のモットーは気取らずおいしく、作りたて。たとえ十人いっぺんに入店したとしても、注文が入ってから一人前ずつ、焼きたて、揚げたて、炒めたてだ。

幹男さんは現在も週一回、カツ丼を食べて味を確認している。「味見じゃ駄目。ちゃんと一人前の分量を食べなければわからないから」と言って、八十六歳にして丼を平らげる。生真面目というＤＮＡは百年受け継がれ、四代目、五代目へと手渡される。

（上）「小春軒」の名が磨（す）り硝子に透ける引き戸。改装時、昔の店を知る工務店が当時を再現。
（下）根菜がサイの目切りになった、小春軒特製カツ丼（しじみ汁付）」1,300円（税込）。

その昔芳町（葭町）と呼ばれ、東京六花街の一つであった人形町。
「西洋御料理 小春軒」の看板、白い暖簾のやわらかな筆文字は戦後から。

かき揚げでお銚子一本

松栄亭

住：東京都千代田区神田淡路町2丁目8番地
電：03-3251-5511
営：11時〜14時LO、17時〜19時30分LO（土曜は昼のみ営業）
休：日曜、祝日定休

「松栄亭《しょうえいてい》」といえば、夏目漱石である。初代・堀口岩吉《いわきち》さんが、東京帝国大学（現・東京大学）教授・ケーベル氏のハウスコックだった時期のこと。教授宅を訪れた漱石ら学生のために「何か変わったものを」との用命で、豚肉、玉葱、卵をメリケン粉でつないで揚げた。これが大いに喜ばれ、明治四十年（一九〇七年）、「松栄亭」開店の際には洋風かきあげなる一品となった。という逸話であるが、私はここからの物語が好きだ。

岩吉さんは横浜「ホテルニューグランド」や麹町「宝亭」出身のエリート、四十七歳のベテラン西洋料理人でありながら、独立してからは街の小さな洋食屋を営んだ。神田淡路町。近くには江戸時代から続く青物市場、通称「やっちゃば」があって、ここへ通う商売人たちに食べさせる食堂だ。彼らは、仕事終わりに「松栄亭」の隣にあった銭湯でひとっ風呂浴び、さっぱりしたところで暖簾をくぐる。で、かき揚げを待つ間にお銚《ちょう》子《し》を一本、揚がったらそれをつまみにまた一本。なんと気持ちよさそうな風情だろう。

早々に一本呑んでしまうのは、このかき揚げ、一個ずつしか揚げられないうえ十五分から二十分もかかるのだ。豚の背脂でなく腹の脂を溶かして搾《しぼ》った自家製ラードを使い、脂の中で形を整えていく。脂は少なめ、極低温。少しずつ脂を足して、温度が上がり過ぎないよう調整しながら周りをカリッとさせる。そのままかぶりつけば玉葱はシャキシャキ、豚肉はごろん。卵の風味がふうわり立ち上り、日本酒とじつによく合う。だが、ウスターソースの「プリンス」をかければ、今度はビールに合う気がしてしかたない。

「最初は丸い形だったと聞いています。誰の代でオムレツ形になったのかわからない」

現在の店主、毅《たけし》さんは四代目だ。祖父で二代目の信夫さんは、もともと三越呉服店で着物のお針子をしていた人物。対して、父で三代目の博さんは十八歳から料理を志し、「上野精養軒」で十五年間修業した叩き上げ。毅さんは父と同じ店で四年半修業し、二十四歳から父の下《もと》で働いた。社交家で、息子から見ても格好いい人だった博さんは、平成二十二年に他界。最後まで、店を頼んだぞ、という言葉は聞くことができなかった。

「だから今でも、僕は見習いだと思っています」

毅さんにとって「変わらない」は最高の褒め言葉だ。代々の味を変えては継ぐ意味などないが、先人の仕事に磨きをかけなければ、「変わらない」ことはできないから。

(上)四代目の堀口毅さんは、二十年あまり父と二人で厨房に立った。
(下)外側は香ばしく、中は驚くほど軽くふっくら。洋風かきあげ950円(税込)。

2003年、区画整理のため隣から移り、昭和初期の商店建築はビルになった。
二代目の友人である書道家が書いた、白地に「松栄亭」の暖簾はそのまま。

天皇の料理番
TBS

味を変えない定番料理とは別に、チーズ入りオムライスなど新しい品書きも並ぶ。
「松栄亭」では代々夫婦で店を営み、現在は四代目の妻、英里子さんが接客を務める。

海岸リゾートのお座敷洋食

入舟

住：東京都品川区南大井3丁目18－5
電：03－3761－5891
営：11時30分〜13時30分LO、17時〜20時30分LO
休：日曜、祝日の月曜定休

大井・大森と聞いても、競艇場か競馬場しか浮かばなかった街が、明治時代からのリゾート地だったと知って驚いた。富士山を望み、海には小魚が泳ぐ美しい海岸。丘のほうは別荘地で、旦那衆が昼に海で遊び、夜は花街で遊んだ。最盛期、この界隈の料亭は五十軒、芸者は四百名近くまで膨《ふく》らんだという。「入舟《いりふね》」は大正十三年（一九二四年）に大森の駅前で創業。料亭の洋食版、お座敷洋食である。旅館のように広い玄関、赤い絨《じゅう》毯《たん》、二十畳の大広間。当時の建物は空襲で焼失したものの、戦後、現在の場所へ移転してもこれらは引き継がれた。今テーブル席となっている一階は、お客が運転手つきの車で訪れるため、運転手たちが休憩する待合に使っていた部屋だ。

「入舟」のカレーライスには、明治初期に日本へ初めて輸入された、イギリス・C&B

（クロス＆ブラックウェル）社のカレー粉が、創業以来ずっと使われている。カレーは植民地時代のインドからイギリスへ、米とセットで持ち込まれ、スパイスをあらかじめ配合した粉が開発された。辛味を抑え、香辛料も複雑過ぎない親しみやすい味と、使いやすい粉タイプ。それが日本にきて、カレーライスの伝播に大いに貢献したのだ。

帆船《はんせん》のマークが入った平皿の上半分がごはん、下半分に、いかにもさらりとしたカレーが流れている。福神漬さえのっていない（無着色のものを別小皿で添えている）さっぱりとしたデザイン。具も玉葱と豚肉しか痕跡《こんせき》はないが、しかし食べてみれば野菜の旨味がじわりと広がり、そこはかとなくまろやかだ。じゃがいもと人参、玉葱は煮てからミキサーにかけ、牛乳も加えているのだという。牛乳は、四代目・松尾信彦さんのブラッシュ・アップ。カレー粉と初代の意図は変えぬまま、味の高みを追求したのである。

創業者は、彼の曾祖父にあたる山本高由《たかよし》さん。二代目はその長女・雅子さんの夫・喜市さん、三代目は雅子さんの息子・友孝さんで今も厨房に立っている。で、この雅子さんこそが、昭和から平成にかけて八十九歳まで切り盛りしていた「入舟」の看板娘だ。

「祖母は面倒見がよく、何でも誰かにあげてしまうような人でした」

店は三代で終わりのはずだった。けれど松尾さんは、二〇二四年の百周年を祖母と一緒に迎えたいと思ったのだ。九十周年で亡くなってしまったけれど、写真立ての中、ギンガムチェックの割烹着姿で笑う雅子さんは、やっぱり殿堂入りの看板娘である。

野菜と肉、出汁の旨味が広がるカレーライス770円(税込)。
ガス釜で炊くごはんもふっくらと。お酒の後の〆に食べる人も多い。

お座敷専用の別玄関。料亭組合に加入できるのは
十六畳以上の大広間があることが条件で、「入舟」は二十畳の大広間を持つ。

「フライはいい素材ほど味が際立つ」と語る松尾さんは、毎日豊洲へ。
この日の魚フライはかすご鯛。揚げ油は一回ごとに替えている。1,150円(税込)。

三章

カツレツとシチュー

揚げ物と煮込みは、日本人のおへそを掴んで離さない大好物だ。
洋食でいえば、天ぷらでなくフライ。煮物でなくシチュー。
洋食屋はたいていメニューが豊富だけれど、
何でも揃っている使い勝手のよさ、という道でなく
絞り込み、深く究めた料理を味わわせる道を選んだ洋食屋もある。
「カツレツといえば」「シチューといえば」
お客らはそんなふうに憶えて、あれを食べたくなったらここへ来る。

色白美人のカツレツ

ぽん多本家

住：東京都台東区上野3丁目23－3
電：03－3831－2351
営：11時～14時、16時30分～20時（日曜、祝日は16時～）
休：月曜定休（祝日の場合は営業、翌火曜休み）

とんかつじゃない、カツレツだ。フランス料理のコートレットであり、英語ではカトレット。福沢諭吉先生は「吉列（カツレツ）」とあて字をしたそうだ。ただし、本場のそれは仔牛などの骨つき肉を、少ない油脂で、焼くように揚げる料理だった。それが日本へ上陸すると、「箸で食べられ、ごはんに合う」というゴールに向かって全力疾走することになる。ごはんというものへの、日本人の無条件な愛と熱量と、クリエイションは素晴らしい。コートレットの仔牛は関東で豚に替わり、骨つき肉は薄切りに、やがて厚切りへと変わる。西洋の細かいパン粉は、食感が楽しめる粗さに取って代わって、たっぷりの油で揚げられた。そう、日本には揚げ物の先輩、天ぷらがあったからだ。

「ぽん多本家」初代の島田信二郎さんは、宮内省（現・宮内庁）の大膳寮員《だいぜんりょういん》を務めた西洋料理人だ。明治三十八年（一九〇五年）、二十代で独立するとき、フランス料理ではなく「ごはんに合う」洋食の店にした。当時の洋食は特別なご馳走だから、一組ごとにオーダーメイドのコースを誂《あつら》える完全予約の店で、アラカルトになったのは昭和に入ってからのことである。現在は四代目兄弟の時代。兄の良彦さんはフランス料理を、弟の克彦さんは中国料理を、ともに山の上ホテルで修業してから家業に戻った。

「ぽん多本家」といえば、「揚げ」の技術である。本当はポークソテーも捨てがたいが、それは二度目三度目のお楽しみとして、初めてならばフライもの、なんといっても色白美人のカツレツと出合ってほしい。金蝕《きんしょく》（エッチング）が施された大倉陶園の平皿に、かき氷のようにこんもりと添えたキャベツの千切り、てっぺんにはパセリのみじん切りがちょん。主役のカツレツは、きつね色よりもっと淡く儚《はかな》い色合い。箸でつまめるよう、かつ口に収まったときにちょうどおいしい計算で切られている。脇にはじゃがいもフライが一つ。途中でひと口、気分を変えてくださいな、の気遣いだ。衣はさくっという音も立たないくらい、羽根のように繊細で、バターにも似た甘い香りがする。ロース肉は全体に等しく、しっとりと火が通り、豊満な肉汁を抱え込んだままだ。

「まず、素材を選《よ》ること。代々つき合いのある業者はいいものを一番に回してくれますが、それでも、たとえばロース肉が一〇〇本きても七〇本戻すこともあるほど、毎回とことん素材を見ます。馴れ合わず、業者も私たちも鍛《きた》え合ってチームでやっていく」

ものが溢れる世の中でも、欲しいものは案外少ない、と良彦さんはつけ加えた。「ぽん多本家」では選ったロース肉から脂を取り除き、肉の芯だけを使う。肉と脂では火の通り方や時間が違うからだ。揚げ油は、落とした脂身に牛脂も加え、丁寧に炊いた自家製ラード。衣には糖分が少なく焦げにくいパン粉を中粗挽きにして使い、低温からゆっくり、ゆっくり、温度を変えながら火を通す。バター風の香りにも、色白にも、肉汁にも理由がある。彼らが四代にわたって継承してきた「揚げ」の技術は、もはや伝統芸だ。

この伝統芸は豚肉だけでなく魚介にも応用される。私が猛烈に感動したのは柱フライだった。五個が五輪のように並ぶまぁるい柱は、江戸前ゆえ、青柳《あおやぎ》の小柱をまとめたもの。ぱっと見は帆立貝柱の形だから、うっかりそのつもりで口に入れると、小さな貝柱たちがほどけて両頬いっぱいに散らばるという予想外の幸福が訪れる。予熱でやっと火が通ったかどうか、という貝の甘味は頂点だ。ごはんとお新香、赤出汁《あかだし》は別注文だが、しかし必ずや頼んで欲しい。噛むほどに旨さが膨らんでいくコシヒカリ、ごはんに合う「揚げ」なのだから。お漬物はきゅうり、白菜、大根のきりっとした漬かり具合。赤出汁は八丁味噌と越後味噌を合わせ、辛過ぎず甘過ぎず、心地よい酸味は鰹節の仕事だ。

口の中はさっぱりとし、おなかは温まった。ここで箸を置く。ごはんの国に生まれてよかった、と感謝する。ひと口の分量から、食べる人の気持ち、食後の余韻まで、考えに考え抜かれた完璧さ。こんなフライは、世界のどこでも食べられない。

まずは何もつけずに肉と衣の風味を味わい、甘い香りの自家製ウスターソースで
変化をつけたい。カツレツ2,750円、ご飯・赤出汁・おしんこ550円（ともに税込）。

（上）注文が入ってから肉をたたき、衣をつけて、じっくりと揚げる。
（下）器は大正八年から続く日本の洋食器メーカー、大倉陶園。店内にコレクションも。

4代目・島田良彦さんの揚げる姿が、舞台のように見えるカウンター。いい匂いは
漏れ出てくるが、低音で揚げるため不思議なくらい音はない。4席だけの特等席だ。

シチューは土鍋で温かく

銀之塔

住：東京都中央区銀座4丁目13－6
電：03－3541－6395
営：11時30分～20時30分LO
休：無休（年末年始を除く）

十年くらい前だろうか、素敵な暖簾に見とれて、思わず足を止めてしまった。江戸紫の地に、白く染め抜いた鴨が二羽。たおやかなフォルムに、草書体で「銀之塔《ぎんのとう》」。なるほど、鴨だからトゥールダルジャン（銀の塔）。フランス・パリで一五八二年から四三〇年以上の歴史を持つ、そして鴨料理がスペシャリテのレストランの名前でもある。今度行こうと心に留めて、実現したときには、暖簾は夏用の白地に替わっていた。

洋食屋でも、シチュー専門店である。陰ながらグラタンもあるけれど、初心者は素直にシチューを。ビーフ・野菜・タンの三種類と、それらを合わせたミックスがあるので、やはり順当にミックスを注文する。ちなみに鴨はない。しばし待つと、シチューは一人前の土鍋で現れた。グラグラの乱暴な熱々じゃなく、ことりことりと溜め込まれた熱。

受験勉強の深夜に、綿入り半纏《ばんてん》をはおって食べた、母の鍋焼きうどんを思い出した。冷めにくくて体が温まるから、とお盆にのってやってきたあのフォルム。しかし今、レンゲですくい上げているのはお出汁《だし》ではなくビーフのシチュー、洋食のキングである。東銀座の「銀之塔」では、歌舞伎座と新橋演舞場に限って出前をしているから、やはり冷めないように土鍋仕立てにしたのではないかといわれている。

推測なのは、真実は、初代の亡き平井光子さんのみぞ知るからだ。開業は昭和三十年（一九五五年）頃、なぜシチュー専門になったのかもわからない。作家の久保田万太郎から、フランスにはシチューなるものがあるよと提案された説もあるけれど、真相は藪《やぶ》の中だ。たしかなのは、最初は小さな店で始まったが、隣の蔵を借りて改装したのが今の店だということ。蔵はおそらく昭和初期に建てられたもので、元質屋の蔵だから頑丈だったのだろう、銀座の大空襲でも焼け残ってくれた。

現在、店を引き継いでいる山内由起子さんは、子どもの頃からよく見かけた、東銀座の名物女将だった光子さんのことを憶えている。いつも着物をキリリと着こなした、粋な女性だった。著名人にも、彼女とシチューのファンは多かった。先代の市川團十郎さんが入院したときなどは、つき人が病室までシチューを届けたそうだ。

「銀之塔」のシチューは、味噌のように濃厚な色合いとは裏腹に、食べ心地がさらりとしている。箸で切れるほどやわらかく煮込んだタン、バラ肉や牛テールのゼラチン質が溶け出したとろみ。コクはありながらも軽く、クリアな味といったらいいだろうか。後味にほんのわずか、ふうわりとシナモンのような香りが立ち上った。

「たしかにシナモンも入っていますね。あとは、アクを丁寧に取っています」

日本のシチューだな、と感じたのはそのせいだろうか。アクも味の一つと考える西洋の味でなく、お味噌汁の味噌も濾し器で濾し溶かす、日本人の澄み切った味。シチューの基本となるデミグラスソースは、出汁用のテール肉と香味野菜、トマトのピュレやスパイスを煮込んで、濾して、再び火にかけを繰り返すこと三日間。具となるタンやバラ肉は六、七時間煮込んでから引き上げ、余分な脂をカットして形を整えたのち一晩寝かせる。ちなみに野菜は炒めて、肉は焼き目をつけてから煮込み、火にかけている間はこれまたこまめにアクを取る。最後に、注文が入ったら土鍋でソースと肉を合わせて完成。

作り方も、決まりごとも、すべて光子さんの言い伝えだ。光子さんから妹で二代目の静子さんへ、そして山内さんへ。「銀之塔」ではそれらを口承で受け継いできた。

「シチューの表面が蝋《ろう》を引いたように光ってはいけません」

さらりとしてこそ、ごはんに馴染むから。「銀之塔」のごはんは、一粒一粒がきびきびとした弾力を持っている。ごはんとシチューを交互に食べてももちろんおいしいが、ごはんにシチューをかけてもよし、ごはんを土鍋のほうにあけて混ぜ込んでもさらによし。お行儀が悪い？　いやいや、「銀之塔」ではそれを、「よくわかってる人」と言う。

東銀座で奇跡的に残った蔵の造り。よく手入れされた植栽も清々しい。
1階は小上がりがあり、2階・3階はテーブル席になっている。

箸で切れるやわらかさのタンとバラ肉、玉葱、じゃがいも、人参などがゴロンゴロン。
ごはんはお代わり自由。シチュー ミックス（小鉢2品、お漬物、ごはんつき）2,650円（税込）。

四章

洋食グランメゾン

料理人が気軽に海外修業へ行き、日本に「本場」がやってくるまで
西洋料理をアレンジした洋食は、最先端の料理だった。
いや、日本で独自の進化を遂げたこの食文化は、
2020年の今こそ、世界に胸を張って伝えたい料理である。
ならば、グランメゾンと肩を並べる空間でどうぞ。
料理はもちろん、建築、インテリア、食器、ワイン、サービス。
ノスタルジーでもレトロでもない、モダニズムな洋食を。

永遠の憧れ

資生堂パーラー 銀座本店

住：東京都中央区銀座8丁目8－3 東京銀座資生堂ビル4・5階
電：03－5537－6241
営：11時30分～20時30分LO
休：月曜定休（祝日の場合は営業）

資生堂パーラー。なんと特別な響きを持つ言葉だろう。銀座生まれの、銀座育ち。この街の話を少しすると、明治五年の大火を機に、〝燃えない街を〟と西洋風の煉瓦街がつくられた。ガス灯に街路樹、バルコニーの下に歩廊を擁《よう》するジョージアン様式の店舗。横浜―新橋間に日本初の鉄道も開通して、銀座には、横浜の港に届く舶来品や外国の食べものを扱う商人たちが店を構えた。新しいものに敏感な人が集まる街だったのだ。

創業者の福原有信《ありのぶ》さんもその一人。銀座八丁目に西洋式の「資生堂薬局」を開いた彼は、店内でソーダ水とアイスクリームを作り始め、大ヒット。関東大震災で焼失したが二ヶ月で復興させ、昭和三年（一九二八年）にはモダンな木造二階建てを構えた。ここから「資生堂パーラー」（当時「資生堂アイスクリームパーラー」）は本格的に西洋料理へと乗り出す。建築家・前田健二郎氏はフランク・ロイド・ライトに私淑しており、外観は大きな丸窓を中心に、バルコニーを左右に配したシンメトリー。中は吹き抜けになっていて、二階の正面にはオーケストラボックス。生演奏を聴かせる斬新な演出だった。

調理長には飯田清三郎さん、副調理長には高石鍈之助《えいのすけ》さんが就任。ともに宮内省御用達の西洋料理店「東洋軒」で修業した料理人だ。昭和初期のこの時代、カレーライスと2トップの人気を誇ったのが、牛肉より高価であった鶏肉を使うチキンライス。これをオムレツで巻けないか、とお客に訊かれ、応えて作ったのがオムライスだ。誰か一人のための料理はまたたく間に、みんなの大好物になった。

その容姿は、オムライス界の女王である。絹のような肌といおうか、目にもなめらかな質感。陽だまりのような卵の黄色とトマトソースのコントラスト。割るのがもったいない、と言いつつざっくりとスプーンを入れれば、むっちりしたトマト色のごはんが中から現れる。ああ、高貴。現在の調理長、倉林龍助さんによると、卵液はよく濾し、固まるギリギリの六十八度に保ち、箸で空気を含ませながら火を入れるのだそうだ。

「昔は、他人のフライパンじゃできない、と自分のフライパンを持っていました」

話は昭和に戻って、副調理長を経て三代目調理長となった高石さんは、「資生堂パーラー」の歴史に残る名作をいくつも誕生させた。代表作がミートクロケット。高石さんの修業時代、皇太子殿下（昭和天皇）の午餐会で師匠が作った、フォアグラ入りのクロケットがヒントだった。当時、コロッケは庶民に大人気のおかず。ならば高級フランス料理でなく、おかずでもないクロケットができないか？　という発想で生まれた一品。フォアグラに替えて、やわらかな仔牛の肩肉とハムで食感の変化を作り、じゃがいもでなくベシャメルソースを合わせて揚げる。カリッとした次の瞬間にはとろとろ、というアンビバレントな食べ心地に、モボもモガもさぞやびっくりしたことだろう。

洋食屋のカレーライスが十銭の時代、こちらでは五十銭。こんな高級店に来られるのは羽振りのいいお客で、銀座では断然、新橋の芸者たちであった。踊りや三味線の稽古帰りにアイスクリームを食べ、夜は旦那衆とクロケットを食べる。接客のプロである彼女たちを相手に、「資生堂パーラー」のおもてなし術は磨かれた。「こんなに来ているのだから、三味線を置く台くらい作ったらどう？」との言葉ですぐに設置。「お口直しの甘いものがひと口あるといいわね」で、みかんのシロップ漬けを別に添えた。オムライスは二人なら取り分け、二個のクロケットは三人なら三個盛りに。スプーンの大きさも、女性は男性より小さめだ。そのスピリットは、「できることは全部する」である。

昨年十一月、「資生堂パーラー」は何度目かのリニューアルをした。食と地球環境が切り離せない今、人にやさしく、自然と共生できる未来のためにメッセージを発信し、できることは全部する。いつの時代も私たちの一歩先を歩いては、新しい世界を見せてくれる洋食グランメゾン。世の人々が憧れるその美しさには、信念がある。

花椿のマークは、創業者の息子で資生堂初代社長・福原信三氏が
自らデザインしたもの。時代によって微細な変化を重ねながらも継承されている。

平成13年に建てたビルの内装を、継承しつつ改装。4・5階のエレガントな吹き抜けは、
オーケストラボックスのあった木造二階建て時代へのオマージュ。

（上）ミートクロケット トマトソース2,600円（税込）。パセリは揚げてある。
（下）個室には、昭和3年の建物に使われていたステンドグラスが。

コクのあるチキンライスに、エアリーな卵のオムライス2,600円(税込)。
福神漬、らっきょう、玉葱の醤油漬け、みかんのシロップ漬けの薬味タワーが添えられる。

グラタンのみかわやさん

銀座 みかわや

住：東京都中央区銀座4丁目7−12 三越新館1階
電：03−3561−2006
営：11時30分〜20時30分LO
休：無休（12月31日〜1月2日を除く）

かつて銀座四丁目の三越裏と呼ばれる路地に、アイビーの蔦が絡まる、というかそのうち蔦に食べられてしまいそうな木造洋館があった。小豆《あずき》色と白のストライプのひさしに、店の前に並べた白いアイアンベンチ。当時支配人で二代目の渡仲耐治《となかたいじ》さんは山高帽をかぶり、口髭《くちひげ》をたくわえ、蝶ネクタイとタキシードがトレードマーク。「銀座 みかわや」は、昭和の時代から、よそゆきの服を着ていく洋食屋だ。

この場所に三越新館が建つことになり、新館の一階だがテナントではないという立ち位置でリニューアルされると、ハレ感はさらに磨かれた。モザイク画の床にレッドカーペットの螺旋《らせん》階段、ドレープを描くカーテンなど、まるでヨーロッパの瀟洒《しょうしゃ》なホテル。そうとう大きな会社の経営かと思われる贅沢さだが、じつは代々の家族経営である。現在は四代目、渡仲晋平さん。初代は彼の祖父で料理人の豊一郎さん、父の由幸《よしゆき》さんも料理人、先の支配人・耐治さんは父の弟で晋平さんの叔父。男たちに加えて、祖母、母、妹にいとこたちも総動員という、一族で店を支えてきた。

洋食屋としての創業は昭和二十三年（一九四八年）。前身は、地主が明治二十年から営む「三河屋食料品店」だった。店舗は銀座通り、和光の隣にあったが、第二次世界大戦で焼失。現在地へ移ると、バラック小屋を建ててコロッケなども売ったという。ここを洋食屋として開業し、「三河屋」の名を遺して「銀座みかわや」とした。

豊一郎さんは大正三年、横浜生まれ。横浜といえば「ホテルニューグランド」である。尋常小学校を出た彼は、昭和二年、実家から歩ける距離に新しく開業した、このホテルで働いた。初代総料理長は、パリから招聘《しょうへい》したスイス人、サリー・ワイル氏。後に多くの西洋料理人を輩出した氏の下で、豊一郎さんは黎明期《れいめいき》の洋食に触れたことになる。

「みかわや」のグラタンには、この、育ててくれた「ホテルニューグランド」へのオマージュがこっそり潜ませてある。グラタンなのに、器の底にうすーくバターライスを敷いているのだ。ごはんとベシャメルソースを合体させたドリアは、ワイル氏の考案だから。ごはんでつながっているけれど、でも「みかわや」ではグラタンなのである。

取っ手が真鍮《しんちゅう》の器といい、奥ゆかしい焦げ目といい、ため息が出るほど繊細なグラタンだ。スプーンですくうと、それほど深さはないのに、じつは層になっているのがわかる。表面は卵黄入りのモルネーソース、真ん中にはベシャメルソース。その下にごはんを見つけたときのうれしさったらない。ぷりぷりの芝海老も主役級だというのに、お米の素朴なつぶつぶ感と、気づくか気づかないかの存在感は逆に心惹かれてしまう。モルネーにはほんの少しレモンの酸味が利いていて、ベシャメルはミルクの丸い甘やかさ。とろっとしたソースなのにもたれない。と思ったら、バターの香りはライスだけにまとわせ、ベシャメルにはバターでなく米油を使っているのだそうだ。

三代目の由幸さんは総料理長として全体を監督、厨房で指揮を執る料理長の今成満《いまなりみつる》さんは、「みかわや」で三十五年。豊一郎さんの味を知るベテランたちが、骨格を変えずに軽やかさを持たせるといった、時代に合わせたチューニングを施している。

「グラタンは創業時からあったようですが、フランス料理自体の認知度が低く経営に苦心していた十年目頃、これが新聞に載って評判を呼び、〝グラタンのみかわやさん〟といわれるほどになりました。うちを救ってくれたメニューなんです」

初代は絵画や骨董に造詣が深く、二つあったら高い方を買う人だった。祖父は正しかった、と晋平さんは思う。結局、いいものは長くもつし、風化しない。大切に磨いてきたシルバーにオーダーメイドの器、和光で揃えた舶来ものの家具などは、新しい店でもそのままだ。ふと壁の一角に目を向けると、あのアイビーの蔦がペイントされていた。家族と顧客たちが愛した店の面影は、あちこちで息づいている。

芝海老のグラタン2,900円（税込）。手入れを怠らないシルバーは、
2階がイタリアのサンボネ製、1階は日本のラッキーウッド製。

マネの複製画をはじめ、趣味人の初代が集めた絵画やアンティークがあちこちに。
以前の店では中まで侵入していた蔦も、今はペイントで再現されている。

18世紀創業の歴史を持つスペインの名工房、バロッサ・バレンティの椅子、荷物置き代わりのオットマンなどもさりげなく。絨毯はシンボルカラーのアイビーグリーン。

下町モダニズム

香味屋

住：東京都台東区根岸3丁目18－18
電：03－3873－2116
営：11時30分～20時30分LO
休：水曜定休（祝日の場合は営業、振替あり）

東京・根岸は、文士と花柳界とお寺の土地柄。下町だから気取ったことは抜き。その昔、お値段の張る洋食といえど「香味屋《かみや》」には浴衣に下駄《げた》履きでやって来る旦那もいたし、ハンバーグを「これ、揚げてくれない？」と抗えない魅力で言う芸者もいた。

「それがメンチカツになりました。私が入社した当時、メニューにはなかったものです」

現料理長の小田倉光夫さんが入社したのは、昭和四十五年。花柳界も賑やかだったこの時代、「好きなものを、好きなように食べたい」という根岸の人々を、「香味屋」はフルフラットで受け止めた。洋食弁当は、「単品でおなかいっぱいになるよりも、少しずつたくさん」という、いいとこ取り好きな彼らの願望を叶えた大人様ランチだ。

もっといえばいいとこ取りを、お弁当という、特別感満載のフォーマットに詰め込んでいるところが心憎いのである。三段お重《じゅう》の蓋《ふた》を開け、わあっと声を上げるの儀に始まり、一段、二段、三段と順に確認していく高揚感。「香味屋」では上から順に前菜、メイン、ごはんの段だ。コロッケもヒレカツも唐揚げもひと口ずつきゅっと身を寄せ合い、テリーヌやスタッフドエッグは色とりどり。心躍らずにいられない。

お箸で食べる洋食弁当は、家族の誰もが食べやすい。古いお寺の街だから、お墓参りや法事で家族や親戚が集まる、その後の食事会はみんなで「香味屋」。三代四代にわたる顧客が多いのは、大正十四年（一九二五年）の創業、あと五年で百周年の信頼があればこそだ。初代は、香水などの舶来品を扱う仕事を始めた宮臺喜作《みやだいきさく》さん。ハイカラな人物で、やがて珈琲豆も売り始め、「だったら淹れてよ」「軽食も作ってよ」と芸者衆から声が上がって珈琲とサンドイッチの店になる。洋食に舵を切ったのは、第二次世界大戦後間もなくのこと。柳通りに面した場所に木造一軒家を構え、外国航路の船上料理人として働いていた丸山政吾郎《まさごろう》さんをシェフに招いた。海外との移動手段が船に限られた戦前の日本では、国内外の賓客《ひんきゃく》が乗る豪華客船には、最高峰の西洋料理があった。その後、戦争によって船が奪い取られた彼らは次々と陸《おか》に上がる。「香味屋」の礎《いしずえ》は、そういった高い技量を持つ外国航路の料理人が築き、二代目料理長の石塚重三さんが磨きをかけ、今は小田倉さんが引き継いでいる。十八歳で入社してから、今年で五十年だ。

「『香味屋』の味は、手を抜かない仕事によって作られます。たとえば継ぎ足して代々つないでいくフォンは、牛のスジとバラ肉、鶏ガラをオーブンで焼いた後、朝から夕方まで大鍋で煮込み、濾します。一からすべて、それを毎日」

フォンとは、あらゆるソースの基本となる出汁のこと。これを使ってデミグラスソースを作り、さらにハヤシライスやビーフシチューへと枝分かれさせていく。ビーフシチューの場合なら、バラ肉と香味野菜を炒めてから赤ワインやトマトペーストと煮て、濾して、デミグラスとルウ（小麦粉をバターで炒めたもの）を加えて一週間煮込む。仕上げの仕事はまた別。という果てしない道のりを辿る。そして当然ながら、洋食屋にはほかにコンソメ、ベシャメルソースなどなどさまざまな仕込みが要る。「手を抜かない」を日々、何十年、代々と続けていくことは単純なことでは決してない。

平成四年、「香味屋」は三代目当主の宮臺良行さんの手によって、モダンに変貌を遂げた。ハイカラは宮臺家の血筋だろうか、趣味人の良行さんは、収集した藤田嗣治《つぐじ》やベルナール・ビュフェといった画家の作品を飾り、和紙のオブジェを店の一等地に据えている。二階の大空間は、美術館のようにも、教会のようにも思える静謐さ。けれど、どこか人の体温を感じるのは下町だからだろうか。「香味屋」は昔から変わらず通し営業。文士も花柳界もお寺の人も、商売人も多い街では、食事の時間もまちまちだから。いつ来ても開いていて、同じものが食べられる。赤ちゃん連れも子どももご年配も誰もが楽しめる。そうだ、このモダンな空間には、平等というやさしさが流れているのだ。

洗練されたデザインの家具に上質なテーブルクロス。
どんな場面でも落ち着く空間使い。1階は28席、2階は46席（半個室8席）。

（上）店名の書体は創業時のまま。今なお「お出前」にも対応している。
（下）洋食弁当 A3,500円、＋1,100円で白飯をカニピラフに変更（税込）。※メニュー外。応相談。

結婚パーティーも行われる、アールを描いた高い天井が印象的な2階。
設計はリゾートホテルなども手がける芹沢金一郎建築事務所。

いつもの基準で選べるということ

厳選洋食さくらい

住：東京都文京区湯島3丁目40−7 カスタムビル7・8階
電：03−3836−9357
営：火〜金曜11時30分〜14時30分LO、17時30分〜21時LO
　土・日・祝日11時30分〜14時30分LO、16時30分〜21時LO
休：月曜定休（祝日の場合は営業、翌火曜休み）

上野は常に動いている街、と桜井寛子さんは言う。彼女はオーナーの娘さんで、生まれも育ちもお隣の湯島。文化圏は違えど、有機生命体としての上野を隣から眺めてきた。「博物館や美術館、動物園もあればアメ横といった市場も、大きな公園もありますよね。自然、文化、観光、生活がギュッと凝縮しているバランスのいい街だと思うんです」

働く人もいる、地方の人も来る。家族連れで動物園、一人で美術館。子どもからお年寄りまで、上野では誰もが「動く」。つまり、生き生きと活動しているということ。この街だから、桜井さん一家は洋食屋をつくった。世代も背景もボーダレスな街には、みんなが知っていて、みんなが好きな食がいい。それはやっぱり洋食である。

平成十二年（二〇〇〇年）十一月、上野エリア（住所は湯島）にオープンした「厳選洋食さくらい」は、創業二十年ながら本書の中では最も若い。平成生まれの洋食は、歴史でもなければノスタルジーでもない。それらとは別の、「リアル」という視点を持っている。まずは、体へのやさしさ。料理を一から自分たちで作ることはもとより、シェフの長谷山光則さんは、たとえば砂糖に三温糖を選び、化学調味料を使わない。

それを基本とする洋食は、普段から食に気を遣う現代人にとって、日常から切り離されない。香ばしい海老フライは、海老の弾力と旨味は力強く、揚げ物なのに油分を感じないほどのあっさりした食べ心地。さらした玉葱やピクルスの酸味、香草のタラゴンが爽やかなタルタルは、これだけでもつまみになりそうな罪悪感のなさ。たっぷりかけて長い海老が三本、あっという間になくなってしまう。どうやらキーワードは素材感。デミグラスソースに使うチャツネだってリンゴ、バナナ、マンゴー、パパイヤ、ドライプラム、パイナップルをかけ合わせ、かつ親しみやすさを覚える味はみりんの仕事。

昭和の洋食はボリューム満点系が多いけれど、この店にはハーフサイズがあるのもよい。お酒の種類が豊富なのは大変よい。何人かで訪れても、自分の好きなお酒が呑めるし、一人でも「洋食呑み」ができてしまう。エビフライにシャンパーニュでしゅわしゅわ、とか。素材も、量も、お酒も、何もかもがいつも通り。太陽のある時間なら光が燦々と降り注ぐ、金属と木とガラスの空間で食べる洋食は、特別枠の食べものじゃない。七階から見る上野の街は、案外、どこよりも東京っぽいかもしれないと思った。

（上）お行儀よく3本並んだ、海老フライ2,150円。
（下）店内の中央に、7階から8階へと吹き抜ける階段があるダイナミックな設計。

家族の食事会から接待まで幅広く受け止めるレイアウト、カウンターは一人客にも
気楽だ。奥行きがあるため、食事してワインを呑んでゆったりと過ごせる。

8階には個室もある。デザインは「銀座 久兵衛 本店」などを設計した、
野生司（のうす）環境設計。オーナーが、ニューヨークをイメージしてほしいとオーダーした。

五章

みんなの食堂

昭和の時代に入ると、洋食は次第に二極化した。
やんごとなき人々のための高級洋食はそのままに、
修業したコックらが増えて街場に散らばり、戦後はさらに弾みがついて
大衆の心と胃袋をがっちり掴んでいく。
食堂ともいうべきその洋食は、早い・安い・旨い
の三拍子に加えて、ボリュームもたっぷり。
モーレツに働いた時代の日本人を、日々、元気にしてくれた。

元気につられて元気になる

ヨシカミ

住：東京都台東区浅草1丁目41－4
電：03－3841－1802
営：11時45分～22時LO
休：木曜定休（祝日の場合は営業、振替あり）

ポークソテーを待つ間、本当にすぐ出る熱々のコーンポタージュに猫舌を焼いて、あわてててシャキッと冷えたサラダで口を落ち着かせた。キャベツは千切り、レタスはちぎって、胡瓜にトマトにサラダ菜に、トッピングはホワイトアスパラガス（もちろん水煮）。小さなサラダなのに流さない、隅々まで届かせた気合いに、こっそりじーんとした。「ヨシカミ」では、オープンキッチンにかぶりつけるカウンターが空いていたら最高だ。何人もいるコックたちの動きは、重なることなく、一秒たりとも止まらない。フライパンを持つコックは溢れる豚ロース肉の余分な脂を捨て、チンザノの瓶に入った液体を振った。私のソテーかな？　するとあっちのテーブルに運ばれて行き、その隙に目まぐるしく変わる彼らのフォーメーションチェンジにまやかされ、いつの間にか完成した皿が目の前に現れる。ああ自分のを見逃した！　と悔しがるのもまた楽しい、楽しい。

この店に満ちている、生き生きとした市場のような活気。それはコックやサービス一人ひとりの「気回り」から生まれるのだと、二代目の熊澤永行《くまざわながゆき》さんは教えてくれた。

「いくら技術がよくても、目の前にいるお客さんの気持ちと合わなきゃ駄目」

今何が必要とされているか、どう段取れば待たせないか、先回りして考えるということ。浅草の人々はせっかちだから、昔は返事を忘れただけで灰皿が飛んできた。熊澤さん曰く「だから自然に声は大きくなる、喋りは早口になる、言葉は短くなる」。

昭和二十六年（一九五一年）十二月、「ヨシカミ」はカウンター一〇席から始まった。初代の熊澤みさをさんは、永行さんの伯母《おば》にあたる。戦前から洋品、遊戯場（ビリヤード場）などいろいろな商売をしていたが、戦後、食糧不足を経て「飲食店が必要とされる時代になる」と考えた。なかでも洋食。外航商船から降りたコックたちを雇い、限られた食材でも飽きさせないよう、バリエーションを増やしていった。浅草でケチはご法度。「こんなんじゃ足んねぇよ」とお客に言わせようものなら次はないし、こっちだって言われたくないからボリュームはたっぷり。豚肉だってステーキと見劣りしない景気のよさが必要だから、ポークソテーは分厚くて大きな肉を焼く。醤油や日本酒など和の隠し味を入れた洋食は、ごはんだけでなく、日本酒にも合う西洋おかずだ。

「狂乱の高度経済成長期、東京オリンピック前には映画館や劇場が三十軒近くあったかな。当時の日本は休日なんて一〇日に一日だったから、浅草は貴重な休日を存分に楽しむ人で溢れ返った。なんたって観音様に興行街の六区、遊郭の吉原という黄金のトライアングル。家族で映画を観て、洋食食べて、親父は寄り合いがあると言って吉原へ」

東京の下町に星の数ほどあった町工場も元気な時代、「ヨシカミ」には昼は働く人が食べに来て、夜は劇場帰りが立ち寄る。さらにはキャバレー全盛期、生バンドにダンスで楽しんだお客らが小腹を満たしに流れてきては、深夜まで賑わった。

今やすっかりお馴染みの、口髭コックのトレードマークもこの時代に生まれたものだ。浅草の遊び人が集まって、一杯飲《や》りながら決定。誰かが「キャッチフレーズもあるといいね」と言い出して『うますぎて申し訳ないス！』が添えられた。

「簡単で、すっきりしていて、偉そうじゃない言葉がいいなと。最初〝ス〟はついていなかったけど、つけたほうがパンチがあるじゃない？」

永行さんの発案だった。あるとないとでは大違い。なんて洒落っ気と愛嬌のあるコピーだろう。永行さんはもともと商業デザインを志し、一年くらいのつもりで店を手伝っているうちに抜けられなくなってしまったのだそうだ。けれど、料理とはクリエイティブな仕事だと気がついた。厨房で二十年以上働いて、今はホールでお客をさばき、二〇二〇年で八十二歳。「ヨシカミ」には入社二年生から四十年生までいるが、社長の元気に引っ張られてみんなも元気。それにつられてお客もどんどん元気になる。

10席だった店は、昭和三十五年に建て替えて洋食＋バーの2部屋に。
バーは永行さんの母が担当して24年続いたが、現在はどちらも洋食。

コックたちは全員、焼く、揚げるなど、どの役割もこなせる。
早業の千切りキャベツは、永行さん曰く「野球のウォーミングアップと同じこと」。

銘柄などややこしいこと抜き、いい肉を選ぶだけ。
醬油の香りが香ばしいポークソテー1,550円(税込)。

家族でできる小ささでよかった

レストラン早川

住：東京都中央区銀座４丁目10－７
電：０３－３５４１－７６６４
営：11時30分〜15時ＬＯ、18時〜20時ＬＯ
休：土曜、日曜、祝日定休

昭和通り、「ナイルレストラン」のインパクトでうっかり見過ごしそうになるけれど、そのお隣に「レストラン早川」がある。わずか八坪に、大人が肩を寄せ合う一四席のコンパクトさ。木製の窓枠、ドアに書かれた店名の朴訥《ぼくとつ》な書体。ショーケースには飾りも何もなく、人気の皿のサンプルがきちんと等間隔で並べられている。

「うちは特別なことは何もしていません」

二代目の早川恒也《つねなり》さんの言う通り、たしかに素っ気ない。けれど等間隔というところも、早川さんが折っている角の揃った紙ナプキンも、それがモロゾフのプリンのガラス瓶に挿《さ》してあることも、なんだか微笑ましいのだ。料理もまた同じトーン。個人的に、コロッケの愛らしいデザインは完成形に近いのではないかと思う。白い丸皿に、まことに基本的な小判形で、きつね色のコロッケが二個。キャベツの千切り、ケチャップ和えのスパゲッティ、ポテトサラダの出しゃばらない立ち位置。ポテサラは妻の美佳子さんが作る、じゃがいもと人参だけのお母さんの味だ。私のツボを言わせてもらうと、添えた柑橘がレモンでなく、オレンジだというところ。彩りのためだそうだが、本当に皿がぱぁっと明るくなるし、ほんの少し甘い果物は最後のお楽しみにもちょうどいい。

銀座にあって八十四年、庶民のための食堂であり続けた洋食屋。そもそもは昭和十一年（一九三六年）、歌舞伎座や明治座の食堂で料理を学んだ父の熊吉さんが、二十六歳で構えた「早川軒」。洋食とラーメンの店だった。戦争で焼失するも終戦の年にすぐ再開、正月も休まず店を開けていたという「がんばり屋で我慢強い」明治男である。

ビルに建て替えたのは、東京オリンピックの年。白黒テレビを置いたから、お客も、店で働く両親も、手伝っていた恒也さんも一緒にプロレスや野球を観戦。「行け行け！」なんて店じゅうで盛り上がったという。巨人・大鵬・玉子焼きが日本人の三大好物といわれた時代だ。建て替えを機に、店名は「早川レストラン」となり、ラーメンをやめた。そこから「レストラン早川」にひっくり返したのは、恒也さんが跡を継いでからだ。

「うちはぼちぼちでいいんです。広げ過ぎず、ちょうど家族でできる小ささでよかった」

現在は三代目の智之さんが店に入って、親子三人。床拭きは毎日美佳子さんが手がけるというが、さっぱりとした清々しさは、そういうところからも伝わってくる。

コロッケ(ライス・味噌汁つき)800円(税込)。ごはんはガス釜で
二升まとめて炊く。ちょっとやわらかめの炊き加減が好み。

恒也さんは28歳から熊吉さんに料理を習い、智之さんは調理師専門学校を出て
20歳で両親の店へ。昭和プロダクトの椅子も素敵。

銀座の中心から、ひと息歩いた東銀座。昭和の時代は
歌舞伎座帰りの人や銀ブラ族、モーレツサラリーマンなどで賑わった。

六章

酒場と洋食

文明開化がテーブルの上にもたらしたものは、食だけじゃない。
お酒、それもビールと洋酒である。
だから洋食は初めから、西洋のお酒と相性がいい。
高価だったビールは、国産化とともに庶民価格に近づいて
日本人は、ビヤホールという新しい飲食の場を知った。
国産ウイスキーの登場とともに、昭和の日本には津々浦々までバーができた。
そんな酒場でもまた、洋食は受け継がれている。

教会のようなビヤホールで

ビヤホールライオン 銀座七丁目店

住：東京都中央区銀座7丁目9−20 銀座ライオンビル1階
電：03−3571−2590
営：11時30分〜23時（日曜、祝日は〜22時30分）
休：無休

日曜の銀座、眩《まぶ》しい歩行者天国から「ビヤホールライオン 銀座七丁目店」に入ると、一瞬、教会と同じ気配を感じる。二八〇席もの人々が思い思いに呑んで喋って、ざわざわがこだまするビヤホールなのに教会とは不謹慎だが、建物のせいにほかならない。バージンロードのごとき通路を中心線として、シンメトリーに分かれた客席、左右に列をなす支柱の構図。一番奥の〝祭壇〟には、大きなモザイク画が光を放つように浮かび上がる。どんなに眺めても、飽きることがないのだ。柱は上へ行くにつれて太くなり、やがて幾何学的な模様を作る石の天井とつながってしまう。そこから垂れ下がるペンダントライトのリズム感。壁のタイルは濃淡にゆらぎ、モザイク画はどれも絵筆で描いたように繊細な色合いだ。八十六年後にこうしてうっとりとしながらジョッキを空けている人間がいることを、これらを造った彼らは信じていたのだろうか。

彼らとは建築家の菅原栄蔵《えいぞう》さんと職人たちである。関東大震災から銀座が復興した昭和の初め、大日本麦酒（サッポロビールの前身）の社長が旧新橋演舞場の意匠に惚れ込み、大御所ではなく、それを設計した若手の菅原さんに新しいビヤホールの一切を任せた。しかしこの菅原さん、恐ろしいほどの完璧主義者だったらしい。

モザイク画の原画は、画家の仕上がりに納得がいかず、洋画と日本画も嗜む自身が手がけた。輸入でなく「すべて日本製、日本人の手によるモザイク画を」とガラス製作を職人の大塚喜蔵《きぞう》さんに依頼したのはいいが、求めたのは既成の色でなく中間色。それも絵筆をサッと引いた、始めから終わりまでのグラデーションを再現せよと言うから果てしない。ガラスの色は原料に金属などを混ぜて作るが、大塚さんは学生時代の部活のメダルも、妻の指輪も溶かしてしまったそうだ。四カ月かけて作った色は四六〇〇〇、実際に使われたのは四〇〇色である。切な過ぎる。しかし「ビヤホールライオン」の開店後、大塚さんは妻子を連れて、お父さんが作ったモザイクガラスだよと誇ったそうだ。

柱にあしらわれた深緑色と、壁のレンガ色のタイルは瀬戸にある山茶窯《つばきがま》の作。これまたサンプルが合格するまで十七回も焼き直している。正方形と長方形の組み合わせによる模様もきっちりと規則正しく、すみずみまで完璧に。だからこそ、昭和九年（一九三四年）に完成したビヤホールが、その時代、時代の人の胸を打ってきたのだ。

戦前は銀座の旦那衆から役者に文士、労働者も肩を並べ、車夫は立ち呑みでさっと引っかけた。珈琲一杯十五銭、生ビールは五〇〇ミリリットルの大コップで二十五銭。ビールはすっかり庶民のものになっていたが、戦後は進駐軍専門のビヤホールになり、日本人が再びここでビールを呑むことができたのは昭和二十七年一月からだ。

そして令和、日曜昼間の「ビヤホールライオン」である。黄色いライオンマークのジョッキで呑みたいから、黒ラベルの中サイズを注文する。数々の注ぎ名人を輩出してきたこの店の生ビールは、瞬殺の一度注ぎ。高めのガス圧で抽出し、液体を滑らせるようにして渦を巻きながら流し込む。ここで余分な炭酸を抜き、きめ細かい泡を溢れさせてからすっと切る。これがじつにピュアな味わいで、体へするすると吸い込まれてしまう。料理には、鶏カラやソーセージのスター選手もいいけれど、しみじみ代表・ニシンのマリネにこそ光を当てたい。やさしいヴィネガーの塩梅で、サワークリームと合わせればさらにまろやか。添えたザワークラウトはその昔、キャベツの浅漬けだったそうだ。たしかにザワークラウトは塩漬けして発酵させたものだから、間違ってない！

なんだかすごいなぁと思うのだ。建築も、食も、日本になかった文化を想像で再現しようとする力。日本は懸命に西洋の真似をしてきたけれど、しかしオリジナルに敬意を持ちつつも、自分たちでなければできないものを創り出す。この建物で呑んでいると、百年後にも読んでくれる人がいると信じて仕事をしようと、ちょっぴり決意する。

現存する日本最古のビヤホール。窓がないほうの壁には、
五角形の窓のモザイク画を。一人でも喧騒の中、意外と落ち着く。

（上）床はドイツ製タイルのモダンな柄。赤い革張りの椅子、小さなテーブルも映える。
（下）ニシンのマリネ968円、サッポロビール黒ラベル中ジョッキ946円（ともに税込）。

目にも留まらぬ速さでビールを注ぐ熟練スタッフの背後に、大麦を収穫する女たちと
子どものモザイク画。じつは遠くにビール工場が見える不思議な世界観。

ビールを注ぐのは代々、当主だけ

ビヤホール・洋食ランチョン

住：東京都千代田区神田神保町1丁目6番地
電：03‐3233‐0866
営：11時30分〜21時LO（土曜は〜20時LO）
休：日曜、祝日定休

勝手ながら私は、おやつ呑みというものを提唱している。午後三時、ランチでもハッピーアワーでもないおやつの時間に一杯引っかけたい。で、そこが神保町なら、うってつけは「ビヤホール・洋食ランチョン」だ。通し営業の店にはどんな時間でも人を迎えるやさしさがあるけれど、ここはさらに、のんびりまで許してくれる。いや、むしろ歓迎されている？　とさえ錯覚するほど、そっとしておいてくれるのだ。推定八十歳超えのおじいさんグループがチーズをつまみながら旅行の相談をしていたり、女性の一人客がコロンとした形のジョッキを手に本を読んでいたり、岩波ホール帰りらしい大人の母娘が映画の余韻に涙ぐみつつオムライスを食べていたり。とてもピースフルな空気が漂っていて、その空気を見知らぬ人々と共有しているという実感がまた、心地いい。

しかも樽生は、アサヒビールのマルエフだ。スーパードライ以前に出していたコクのあるビールで、もう大阪の一工場でしか製造していない。というレア情報以上にグッとくるのは、注ぎ手が代々、当主だけという決まりである。私の一杯も隣の一杯も蝶ネクタイの主人が注ぐ。つまり「ランチョン」のビールの味には当主がすべての責任を持ちます、ということで、現在は四代目・鈴木寛さんの仕事である。

「教えてもらったわけではなく、祖父と父を見て覚え、自分でも研究して今の注ぎ方になりました。だから代々で注ぎ方は違うんです。僕は二度三度と分けて注ぎ、マッチ棒が立つほどしっかりした泡を作って液体を空気に触れさせません」

しかし注ぎ方より気を遣うのは、地味で細かい作業のほうだ。低からず高からずの温度。ジョッキやタンブラーは正しく洗い、拭かずに自然乾燥させ、冷やさず直前に冷水でリンスすること。サーバーのパイプまで清浄に保つこと。それらの「きちんと」が積み重なってビールの味は作られる。だから、銘柄が同じでもよそとは同じ味じゃない。

ビールで洋食を。そんな発想の「ランチョン」が開店したのは、明治四十二年（一九〇九年）だ。初代の鈴木治彦さんは料理人で、駿河台下にあった勧工場《かんこうば》（百貨店のような共同店舗）に洋食の店を開いた。当初は店の名前がなくて、常連客だった東京音楽学校（現・東京藝術大学音楽学部）の学生たちが、気取ったランチの意味で「ランチョン」と呼び始めた。ビールも洋食も、まだ大衆のものとはいえない存在だったのだ。

この洋食屋を生ビールで一躍有名にしたのは、二代目の信三《のぶぞう》さん。寛さんの祖父にあたり、三代目が父の一郎さん。寛さんは山の上ホテルと帝国ホテルのサービスマンを経験し、フォーマルな作法を身につけてから、二十五歳で家業のビヤホールへ戻ってきた。客席ののんびり感とは裏腹に、フロアに立つ寛さんは忙しい。当主にしかできない仕事はもう一つ、会計もあるからだ。サーバーの前に立ち、レジの前に立ち、客席を巡り、「ランチョン」で最も動き回っているのが当主である。

私はといえば窓側のテーブル席で、おやつ時間の靖国通りを眺めながら、キャベツの重ね焼きハーフサイズに樽生ビールを呑み干し、次は自家製ロースハムのハーフでもう一杯などと企らんでいる。ロールキャベツの〝巻かない版〟ともいえる重ね焼きはビールで煮込んである、じんわりとした味の看板料理。ローストハムのほうは、何しろ盛りつけにキュンキュンしてしまう。ほどよい量の野菜、アイスクリームのドーム型に抜かれたポテサラ、丸い二枚のハムはワインよりビールに合う低めの塩気。そして牛乳入りのマイルドなマヨネーズが波型に引いてあって、それが口髭のように見えてしかたない。

ちなみにこの店で、スモークサーモンとチーズ以外はすべて自家製である。

「うちはメニューも味も祖父の時代から同じですし、これから十年、二十年経っても変わらない。古くさいかもしれないけれど、変えない、ということを続けていきたい」

おばあちゃんになったとき、「ランチョン」があれば安心だなと心から思う。

王冠をつけジョッキを持つ鳥のマークは、今となっては誰の作か、鳥が鷲（わし）か
鷹（たか）かも不明。けれど昔のデザインや店名のロゴには惚れ惚れしてしまう。

4代目の寛さん。絵画は外国の酒場を描く画家、久保幸造氏による描き下ろし。
左から二人目(写真では左端)に二代目が描かれ、「ランチョン」を見守っている。

キャベツ重ね焼き ハーフ600円、アサヒ生ビール650円(ともに税込)。
料理長は、元帝国ホテルのフレンチでシェフを務めていたベテラン。

新宿で見る夢

サントリーラウンジ イーグル

住：東京都新宿区新宿3丁目24－11 セキネビル地下1・2階
電：03－3354－7700
営：月〜土曜17時30分〜24時LO（日・祝日は23時30分LO）
休：無休（12月31日〜1月3日を除く）

まるで、酔う前から夢を見ているようなのだ。新宿アルタ裏の狭い階段を降りると、一転、目の前に広がる壮大な空間。高い天井から、ガラスの粒をドレスのように身につけたシャンデリアが二基、ゆったりと吊り下がり、バックバーには切り出した岩石が積み上げられている。中世ヨーロッパの城か、秘密組織のサロンか。仄暗《ほのぐら》い灯りのせいだろうか、こんなにも絢爛《けんらん》なのに、どこか悲しげな湿度を感じるのである。そんな質感と、ウイスキーが三〇〇円からというエコノミーのギャップは激しい。今どき珈琲より安いけれど、大量の仕入れによって売値を低く抑える、れっきとした銘柄である。

新宿で五十四年。「サントリーラウンジ イーグル」は、フェイクな街にありながら、「まがいもの」を許さない。創業者の津川敏光さんは、昭和三年生まれの九十二歳。今なおご健在で、料理の味も確認するし、すべてに目を光らせている。もともとはコックで、戦後はアメリカ軍の将校クラブといった社交場で働き、料理に加えてバーテンダーの経験も積んだ。昭和三十年には池袋に「ヘルメスワインコーナー」というバーを開店。ワインバーではなくて、この時代は洋酒全般を「ワイン」と呼ぶ習慣があった。

新宿に「イーグル」を構えたのは昭和四十一年（一九六六年）。東京オリンピック以降の、新宿が若者文化の発信地となっていた時代である。この街では、だから常に新しい何かが求められた。当初は津川さん自身が全メニューを作り、日本では手に入りづらい食材もいち早く取り寄せメニューに加えていたという。たとえばスモークサーモンを、ここで初めて食べたお客も少なくない。カクテルでも着色されたジュースを使うのがあたりまえだった時代、フレッシュの果実を使い、ライムがなければ直輸入までした。

本物志向は、ホテルのラウンジをお手本にしていたからだ。高度成長期の日本で、海外と対等にわたり合おうとしていたのがホテルであり、「一流」の代名詞だった。飲食も、インテリアも、社交も、あらゆる一流が集まる場。「イーグル」はそこを目指した。

コンセプトは、世界の銘酒と世界の料理である。フランス、中国、メキシコ、ロシア、アメリカ。各国の料理を日本人の創意工夫で表現する、洋食だ。シェフには津川さん以降、ホテル出身者をはじめ和洋中、あらゆるジャンルの経験者を抜擢して、それぞれが得意分野で名作を残している。中国料理のシェフは牛肉と野菜の四川風、フレンチ出身者はフォアグラをヒントにした蟹味噌バター。世に出たときは目新しく変わった料理だったが、長く愛され続けた結果、もはや堂々たる「イーグル」の永世定番だ。

名作の一つに、ビーフストロガノフがある。ほぼ創業時からのメニューだが、昭和四十年代の日本において、このロシア語は「すごいご馳走」の代名詞だった。ストロガノフという響きのインパクトも強烈な、牛肉をサワークリームのソースで軽く煮込んだ料理。ロシアではパスタやポテトを添えるそうだが、日本ではごはん、「イーグル」ではサフランライスである。これが、ハイボールにぴったりなのだ。サワークリームと生クリーム、デミグラスソースと合わせたソースは、濃厚なのに後味爽やか。訊けば仕上げに少し、フレッシュのレモン汁を加えているという。可愛いプリン型に抜かれたサフランライスを、恐る恐る崩して混ぜて、ハイボール。ああ、ロシアの人に教えてあげたい。

お気づきかと思うが、「イーグル」の料理は、生野菜のディップ一つに至るまですべて自分たちで作る。そのうえ注文が入ってからの焼きたて、揚げたて、蒸したてで、作りおきを温め直すことはないという。地下一階、二階合わせて五〇席のバーでありながら、だ。本領のお酒はもちろん一杯ごと新しいグラスに換え、果汁は注文後に搾られる。社是は「最大より最良であれ」。まがいものを許さず、はしょらないという〝あたりまえ〟を続けようとする、創業者の志がリアルタイムに生きている。年末年始以外、「イーグル」は無休。だからこの夢はいつでも見ることができる。

ウイスキーはシングル300円〜（税別）、ハイボール・水割り・ロックも同価格。
カクテルは、甘めやアルコール強めといった好みにも応えてくれる。

福島県白河の石に彫刻を施したバックバーの石壁は、彫刻家・是松（これまつ）氏の作品。
礼儀正しきバーであるから、男性の帽子、サンダルは遠慮すること。

型抜きのサフランライス2個、がキュンとくる
ビーフストロガノフ1,960円(税別)。シェアする場合は取り分けてくれる。

七章

喫茶店のナポリタン・サンドイッチ・ホットケーキ

日本には、喫茶店が長い大ブームになった時期がある。
戦後の高度経済成長期、昭和30〜40年代は
今のコーヒーチェーン店なみに、個人経営の喫茶店が街に溢れた時代。
純喫茶にカフェテラス、ジャズ喫茶に歌声喫茶……あらゆる世界をもち
老若男女が集まった、これら喫茶で育った洋食というものがある。
「軽食」と分類される軽い食事やデザートだ。
料理屋でも酒場でもない、喫茶店の、珈琲つきの洋食である。

つい、やってしまいたくなる

カフェテラス　ポンヌフ

住：東京都港区新橋2丁目20-15 新橋駅前ビル一号館1階
電：03-3572-5346
営：11時～15時30分
休：日曜、祝日

新橋には戦後、狸小路というバラックの呑み屋街が自然発生した。昭和四十一年（一九六六年）に完成した新橋駅前ビル一号館にはその店々が収められ、面影の濃い地下一階でエレジーな社会を形成している。なのに、なぜか、一階はカフェや洋菓子店が並ぶフランス風味。「カフェテラス ポンヌフ」はこの一階にあり、ビルと同年の開店当初はトリコロールの看板通り、カフェテラスだった。それが今や注文の九割がナポリタン。

日本でスパゲッティの大量生産が始まったのは昭和三十年代のことだ。ときを同じくして急速に増えていった喫茶店では、イタリアのトマトソースではなく、麺を炒めてケチャップで味をつけるアメリカ経由のナポリタンが看板メニューとなり、タバスコやパルメザン粉チーズとセットで広まった。「ポンヌフ」のナポリタンもまた、この喫茶店の血統。太麺をきっちりゆで上げ、ゆでたてではなく、あえて時間をおいてから炒める。こっちの世界ではアルデンテとは無縁の、やわらかくてむっちりとした食感こそが正解なのだ。麺にしみ込むように絡むソースは、ケチャップとトマトペースト、挽き肉だけ。香味野菜も入れない単刀直入な味に、舌がきゅっとくるほどの酸味。ここにパルメザン粉チーズを振ることで、コクと丸さが混じる計算である。

セットで頼むと、飲みものとプリンがつく。卵と牛乳、バニラエッセンスで作る家庭のプリンだ。ほっと息をつかせてくれる味。でもこの前は微妙に作風が違ったなぁと言ったら、「あはは！　ちょっと焼き過ぎちゃったのかも。古いオーブンだから、その日によって機嫌が違うのよ」と女性スタッフが大らかに笑い、ほらねとオーブンを見せてくれた。体温のある会話も、丁寧なのに手早い洗い物も、まさにお母さんの仕事だ。「ポンヌフ」は二代目の信夫《しのぶ》健二さんをはじめ、園田和子さん、間瀬信子さん、植草日出子さんという三姉妹と、植草さんの息子の俊明さんを中心に切り盛りされている。信夫さんは創業当初から店長を務めてきた人で、三姉妹はそもそも学生アルバイトであった。それぞれに就職、結婚、子育てなどを経て再び店に集結。大病を乗り越えて店に立つ店主を「信夫ちゃん」と呼び、明るく支える。「ポンヌフ」のナポリタンは、ときどき無性に発作が起きる、やってしまいたくなる魔性の味。だけどひっきりなしに訪れるお客たちは、今日もやってしまったことを、誰も後悔していない。

営業中、俊明さんはずっと鍋を振りっぱなしで、お母さんたちもまた
キビキビと動きながら気働きを利かせる。信夫さんは会計係の連携プレー。

銀色のオーバル皿で現れる、ハンバーグスパゲティ セット1,150円（税込）。
ハンバーグは牛と豚の合い挽き、玉葱がシャキシャキと存在を訴える。

銀座の楽屋とたまごサンド

みやざわ

住：東京都中央区銀座8丁目5−25 西銀座会館1階
電：03−3571−0169
営：11時30分〜14時30分、16時〜翌4時（3時30分LO）
※サンドイッチは16時〜
休：土曜、日曜、祝日定休

遅い夕方の銀座「みやざわ」にいると、かかってくる電話が次第に増えていく。そして店主・清水千歳《ちとせ》さんの「はい、たまごサンドですね」という声を聞いたシェフの外塚信一さんは、すみやかにパンをスライスし始めるのだ。さあ、出前である。

銀座のバーやクラブには昔から、お客のために鮨、中華、洋食に軽食とさまざまな出前を取る習慣がある。小さな店が密集した街だから、クラブは厨房と料理人を持たなくて済むし、飲食店も売上が増えて持ちつ持たれつ。というほかに、花街の遊び方からつながっているのかもしれない。ハイカラ好きな旦那衆や芸者たちは、料理屋や置屋に洋食の出前を取った。カツサンドもたまごサンドも、花街で育まれた食べものだ。

銀座は現代の花街。「みやざわ」には十二種類ものサンドイッチがあるけれど、一番に浮かぶのはたまごサンド。やわらかな食パンに、ふわっふわの黄身とぷりっとした白身の粒が混ざる具を、パンがカーブするくらい挟んだふくぶくしいサンドイッチである。

「ゆで卵の水分を取り、大きめにカットして、黄身を潰しながら白身を残し、練り混ぜる。あとは塩、胡椒、マヨネーズ。パンには辛子バターを塗って、それだけです」

　これ以上引けない、最小限の材料といえるシンプルさ。でもそれがいい。おそらく銀座のお鮨やステーキを食べ、お酒を呑む人々にとって、合間のサンドイッチはご馳走過ぎないなほうがほっとする。その証拠に、夜が深まるにつれ「みやざわ」はどんどん忙しくなり、朝の四時まで、毎晩三斤の角食パンが三十五本ほど消えてなくなるのだ。

　昭和三十一年（一九五六年）に開店した「みやざわ」は、ドリンク主体のスナック喫茶だった。千歳さんの父・勲さんが昭和五十八年に店を買い取り、外塚さんがシェフに就任すると洋食がぐんと増える。その一つに、きのこピラフがある。炊くのでなく、炒めて作る喫茶のピラフ。これまた「なんでもない」けれど、ごはんがほこほこ、卵もほこほこ。しめじはシャキッとして、過不足ない塩梅がぬるま湯のように沁《し》みていく。

「みやざわ」は銀座の楽屋のようだなぁと思う。美容院帰りのお姐さんも、商店会のおじいさんも、バーテンダーらしき男性も、ここでは素の顔だ。がんばり過ぎない、けどサボることもしない洋食の味が、人をニュートラルに戻すのだろうか。夜の街へ漕ぎ出す人を、千歳さんは「いってらっしゃい」と大きな声で送り出していた。

たまごサンド900円（税込）。保存料など無添加、板橋の老舗「鈴木ベーカリー」の
食パンに辛子バターを塗り、玉子を挟む。作りたてが命。

壁側の革製ベンチシートに座ると、包まれるような気持ちになるアールの壁。
深夜でも逃げ込める銀座のエアポケット。

ホットケーキは洋食です

喫茶ニット

住：東京都墨田区江東橋4丁目26－12
電：03－3631－3884
営：9時～20時（祝日は～18時）
休：日曜定休

植栽の手入れがきちんと行き届いているお店は、間違いないという法則が私の中にある。朝、錦糸町「喫茶 ニット」の前を通れば、前かけ姿のお母さんが植木に水をやり、店の前を箒《ほうき》で掃いている光景に出くわすだろう。ピンク色の花を咲かせた植木鉢が二鉢、対《つい》で玄関口に置かれ、真ん中には「いらっしゃいませ」と書かれたマット。お客を迎える気持ちに満ちていて、入る前から安心してしまう。

「私は昭和九年生まれ。皇后様と同じ年です。あ、もう上皇后様だったわね」とくすくす笑うお母さんは、二代目の小澤民枝《たみえ》さん。昭和四十年（一九六五年）創業の「ニット」は彼女を柱に、勤続四十五年の髙場輝司《たかばてるじ》さんと、三十年以上になる石丸勝三さん、娘の兼松早苗さん、その息子で三代目の雅昭さんという、阿吽《あうん》のチームだ。

「うちはいたって普通」と民枝さんは言うけれど、その普通さが今はなかなかない。たとえばドライカレー。日本オリジナルのこの洋食、タイプは二つある。明治時代に登場したそれは、挽き肉と野菜入りのルウをごはんにのせるキーマカレータイプ。一方、野菜などと炒めたごはんにカレー粉で味をつけるタイプの発祥は不明だが、こちらは昭和の喫茶店で浸透していった（ちなみに炊くのはカレーピラフという）。

「ニット」はもちろん、炒めごはんのほうである。ピーマン、グリーンピース、玉葱、人参、ベーコンのレギュラー素材に加えて、炒り卵入り。これがうれしい。スパイシーを卵の甘味が丸く収める、やさしい、やさしいドライカレー。しかしこの店の真価はここからだ。サラダをひと口だけ添えてくれる、ジャストサイズの気遣い。しかもひと口なのに、千切りキャベツにはドレッシング、トマトにはマヨネーズと味を分ける細やかな感性はレストランレベルではないかと思う。それが「ニット」の、「いたって普通」。

この店の人たちが、もし「普通ではない」と認めることがあるとすれば、ホットケーキの人気ぶりではないだろうか。ホットケーキは立派な洋食だ。明治に上陸した西洋のパンケーキ。フライパンで焼く薄くて甘くないケーキは、その後日本で、厚く甘く、独自の進化を遂げていった。昭和初期のパーラーでは和菓子職人がどら焼きの方法論で銅板を採用し、ムラのない焼き色をつけたというが、「ニット」もまた銅板で時間をかけて焼いている。そのホットケーキは、厚さというよりもはや高さだ。持ち上げられた側面には地層が見え、表面は見本のようなきつね色。てっぺんにのせた四角いバターに爪楊枝を刺してあるのは、「溶けてつるりと落っこちないように」という民枝さんの母心。カリッとした表面とは裏腹な、衝撃のむっちりしっとり感である。

ドライカレーやホットケーキを始めたのは、店を建て替えた昭和五十四年以降のこと。「以前のお店はきらびやかでね。紫のドアにシャンデリア、日本庭園も。キャバレーのお姐さんたちが男性と来るので、子どもは来ちゃいけませんと言われていました」

およそ「ニット」という響きから想像できないが、民枝さんはやはりくすくすと楽しそうに話してくれる。父で初代の徳雄さんは、喫茶店の前にメリヤス工場を経営していた。だから「ニット」。父が亡くなり、民枝さんと夫の利男さんが跡を継ぐと、夫妻は入口に煉瓦の花壇を造り、壁には植物を象ったタイルをはめ込み、自然をイメージして改装。僭越《せんえつ》ながら、空間が店名に追いついて本当によかった。

今、店の一番奥の席は民枝さんの定位置だ。今年で八十六歳。彼女はお客さんがドアを開ける前にすっくと立っておしぼりを取りに行き、常連とお喋りしながらもテーブルを拭き、会計の済んだコーヒーカップを下げる。でもせかせかと下げることはしない。きっと、「ニット」はこの絶妙な目配り気配りでつくられてきた。なんてひとりごちる私の横を、秘密はまだまだあるよと言うように、パリッと焼いたトーストにゆで玉子、ひと口添えたサラダに珈琲という、正しきモーニングが運ばれていった。

かき混ぜ、寝かせ、なじませながらゆっくりと作った生地を、弱火の銅板で
二十分、じわじわ焼いたその頂点。ホットケーキ 飲みものつき830円(税込)。

（上）元メリヤス（編み物）工場だったから「ニット」。書体も可愛い。
（下）ドライカレー ミニサラダ・飲みものつき850円（税込）。

高場さんは二十三歳から「ニット」へ。家族に近いスタッフばかりだから、
阿吽の呼吸。男性は小豆色のニットベストに蝶ネクタイ。

ボックスのソファ席、至るところに緑が置かれ、クーラーなどは隠されている
心地よさ。古いスピーカーの音質もよく、ついまどろんでしまう。

八章

世界の洋食

洋食といえば、フランス料理がベース？
いえ、中国や台湾、アメリカにロシア、イタリア、北欧……
時代とともにあらゆる国と出合った日本人は、未知なる味にときめいた。
それにしても、私たちはなぜ異国の料理に
こんなにも夢中になれるのだろう？
おいしい、楽しい、とすぐに心を開けるのだろう？
まったく謎だが、そこはたぶん、私たちのいいところだと思う。

浅草ロシア村

ストロバヤ

住：東京都台東区西浅草2丁目15－8
電：03－3841－9025
営：11時30分～14時LO、17時～21時LO
休：木曜、第3金曜定休（祝日の場合は営業、振替あり）

日本で最初のロシア料理店は、明治時代、函館にあったロシア人の経営する店だといわれる。しかし東京発信で急速に広まったのは戦後のことで、それも本場そのままではなく、最初から日本ナイズドされた料理だった。揚げ物好きなわれわれのために、現地では焼くのがポピュラーなピロシキを揚げ、中に春雨を入れたり。本来はお茶請けとして添え、なめるためのジャムを紅茶に入れてロシアンティーなんて名づけたり。日本人の舌に寄せたその工夫は、狙い通り、大いに受け入れられた。

浅草は昭和四十年代に「浅草マノス」というロシア料理店が開店し、そこで修業したコックたちが次々と独立して、ちょっとしたロシア村みたいになった時代がある。「ストロバヤ」もその一軒。秋山司郎さんと妻の千恵子さんが、昭和五十三年（一九七八年）

に開いた店だ。司郎さんは工学部を出て、鉄骨橋梁《てっこつきょうりょう》メーカーに勤務する会社員だった。妻の地元、浅草で店を持とうと考え、二十七歳から「浅草マノス」に入ったのだという。もともと実家が鮮魚店で包丁を扱えたとはいえ、わずか四年の修業期間。三十一歳で独立する際は、「こんな場所で、こんな料理でよかったら」と後ずさるような気持ちで、西浅草の路地裏にある八坪の店から、ささやかなスタートを切った。

　すると地元で「大将」と呼ばれる乾物問屋の社長が、「ストロバヤ」を応援しようじゃないかと毎日来てくれるようになる。その気持はうれしいけれど、自分自身の経験が浅く、レパートリーが限られているからさあ困った。そこで司郎さんは、定休日にほかのフランス料理店で西洋料理の基礎を学び直し、月に一度は知り合いのシェフに来てもらって指導も受ける。ある落語家の師匠などは、メニューにはないのに「ローストビーフねえか」とおっしゃるものだから、独学で研究もした。弱火でじわじわ、時間をかけて焼いては休ませる、「ストロバヤ」のローストビーフはこうして完成したものだ。

　宿題を与え続けてくれた浅草の人々のおかげで、司郎さんもまた甘えることなく励んだからこそ、店を続けながら料理の技量を育んでいくことができた。成長と歩を合わせるように、数年後には八幡様の前の新築ビルに移転し、現在の一戸建てへ。レストランとして改装する前は住宅として使われていたからか、船の模型が飾られた出窓や踊り場のある階段、二階の廊下に置かれたピアノなど、どことなく邸宅っぽいくつろぎ感である。実際、一階の客席はリビングルームだったそうで、お客たちはこの場所へ、チャキチャキの浅草っ子である千恵子さんを「ママ」と呼び、慕って訪れる。

「うちは、味はそこそこ。あとはカミさんの愛嬌で勝負です」

司郎さんは謙遜するが、なんのなんのである。注文が入ってから揚げるピロシキは、カリッとしてもちっとくる、やわらかな生地が衝撃的だ。具は雷門前の老舗精肉店「松喜」から仕入れる牛挽き肉と、焦げないようつきっきりで六時間炒め飴色になった玉葱、隠し味にゆで卵。玉葱は一度に三十個も使うが、司郎さんはマシンを使わず包丁で切る。どうせ炒めてしまえばわからない、ではなく、切り方が違えば結果の味も違うと考えるからだ。誰も気づかないかもしれないけれど、「ストロバヤ」のピロシキはなぜかおいしい、と感じてもらえれば上々。ボルシチだって一見地味だが、牛骨と鶏ガラ、香味野菜を一日煮込んだ出汁の深さがしみわたる味わい。酸味の小気味よいサワークリームは、上質の生クリームに白ワインヴィネガーを混ぜて作っている。

ロシアに行ったことはないんです、と司郎さんは申し訳なさそうに言うけれど、浅草の人にとってそれはたぶん、あまり関係ないこと。彼らは家族で、地元の町内会で、またはお参りや寄席の帰りに、親戚の家のようなこのレストランに来たいのだ。なくなっては困るわけで、その点、フランス料理を学んで帰った二代目・幹匡《みきただ》さんがいてくれるから、みなさんさぞかしほっとしていることだろう。

2階の個室には、8坪時代から使っている照明が。ガラス細工の繊細な昭和の日本製。
宴会も多い土地柄、個室は8名〜10名までと24名までの2部屋がある。

（上）包みたて、揚げたての食感が命。ピロシキ（2本）792円（税込）。
（下）「ストロバヤ」はロシアのウォッカの銘柄名からいただいた。

天井の流線型、照明使いが落ち着きを作る。カリモクの椅子、革張りのソファなど
昭和の家具は移転の際に新調してから三十年近く、一つもガタがこない。

アメリカからきた北欧

レストラン スカンディヤ

住：神奈川県横浜市中区海岸通り1丁目1番地 横浜貿易会館2階
電：045-201-2262
営：11時〜22時（2階は日曜のみ17時〜）
休：無休（12月31日〜1月5日を除く）

大桟橋へ向かう途中、海岸通りのカーブに沿って、背の低い古いビルがある。名を横浜貿易会館という。港町だからだろうか、それとも引っかき傷をつけたクラッチタイルのくすんだ風合いのせいなのか、寂しげな気配をまとった立ち姿。そこに「RESTAURANT SCANDIA」の沈んだ赤と青、外国のフォントっぽい文字がのる。道路の反対側から眺めると、なぜかどうしようもなく、ニューヨークの孤独が滲む光景を好んで描いた画家、エドワード・ホッパーの絵を思い出してしまう。

昭和四年、関東大震災の復興期に建てられたモダニズム建築は、美しくて強い。潮風を受けながら、あと九年で百歳である。戦後は昭和二十七年まで米軍に接収された歴史を持つこのビルの二階で、「レストラン スカンディヤ」は昭和三十八年（一九六三年）に開店した。創業者・濱田八重子さんの夫がデンマーク人だったため北欧料理店。というほかに、じつは夫妻がアメリカ旅行で訪れた、ハリウッドのレストランが「SCANDIA」。これを日本で再現したというから、一度アメリカの感性を通った北欧ということになる。

三十年ほど前に一階は、よりカジュアルな「スカンディヤ ガーデン」になっているが、断然、二階のレストランを推したい。息を呑む、いやため息をつく、ああどっちかわからないけど、もしあなたが初めての訪問ならきっと入口で立ち止まってしまうに違いない。壁に柱にびっしりと敷き詰められた木彫りのレリーフは、ドンキホーテの物語や聖書の一場面などゆうに一〇〇点は超えている。高さのある天井は板張り、ワイン色のエレガントな絨毯。家具は贅沢な彫刻を施した北欧製と、堅牢《けんろう》な日本製。テーブルには肌色とも卵色ともつかない色合いのクロスが、しっとりとかけられている。その織りの上質なこと。八〇席もの大空間で一ミリも妥協しない、迫力の佇まいである。

外国人も多いこの地区で、多くのＶＩＰに愛されてきた店。料理はデンマーク人シェフのレシピを元に再現し、サービススタッフは全員、英語を話せる女性たち。ホールに飛び交う言葉から化粧室の香水の香りまで、往年の「レストラン スカンディヤ」は外国そのものだったそうだ。濱田さんはほかに、山下町「コペンハーゲン」「ダンマルク」といった名レストランバーを経営していたから、世界観の創り方に長けていたのだろう。彼女は今年九十歳にして現役、料理長の荒川裕之さんは入店して三十五年、スタッフも皆十年超え。時代とともに食材の質は上がり、料理も磨かれていったが、ニシンの盛り合わせやフリカデラ（デンマーク風仔牛のミートボール）といった創業時からのメニューは、常連にも「変わらない」と言わせる着地点に持っていく。

北欧には、スモーガスボードという料理の形式がある。本来はテーブルにずらりと並ぶ料理から、好きなものを選んで取り分けるスタイル。旅先でこれを知った帝国ホテルの社長が、日本に紹介する際、北欧のイメージからバイキングと名づけたという逸話は知られるところだ。「レストラン スカンディヤ」では、自分で取るのでなく、前菜七種類、メイン五種類、チーズ二種類が席に着いたまま現れるコース式。一方、二階の空間を手軽に味わえる奥の手に、ランチがある。グッとコンパクトながらスモーガスボードのお試し版、スカンディヤプレートも二三〇〇円。お試しとはいえ、フォアグラと白レバーのペーストやデンマークキャビア（ランプフィッシュ）のオープンサンドなど、うっかり昼からワインを呑みたくなってしまう罪な皿だ。

というか、みんな当然のように呑んでいる。ある日のランチ、大きなイヤリングのマダムとスカーフの素敵なムッシュという年配のご夫婦はボルドーワインを一本、若い頃遊んでいたであろう紳士たちはカクテルを。陰影を帯びた光の中、ふと旅をしている錯覚に陥った。六十年、錆《さ》びることなく時を留《とど》めているこのレストランは、やっぱり今も外国だ。次はちょっといい服を着て、靴を磨いて、ディナーで来よう。

創業時と変わらない色、柄の絨毯。デンマークから運んだアンティーク家具は、
王室を想起させる見事な木彫り。ほかは日本人の体型に合わせ、特注した日本製。

ランプ式のシャンデリアと間接照明、テーブルには褐色のガラスに炎が揺れる
キャンドルランプ。ぼんやりと浮かび上がる光景は宮殿のようでもある。

（上）横浜貿易会館、隣の横浜海洋会館は設計者が同じ、異国な一角。
（下）ミニスモーガスボード風、スカンディヤプレート2,300円（税込）。

ドアには北欧3ヵ国の国旗をあしらったステンドグラス。
店内のあらゆるものが、隅々まで大切に使われ、店とともに年を重ねる。

潜水艦生まれのピッツァ

六本木シシリア

住：東京都港区六本木6丁目1‐26 天城ビル地下1階
電：03‐3405‐4653
営：16時〜22時30分LO
休：無休（年末年始を除く）

長い間、日本人はＰＩＺＺＡをイタリア語の「ピッツァ」でなく、英語で「ピザ」と呼び、イタリアにはないタバスコをかけてきた。それもこれも、イタリア料理がアメリカ経由で上陸したからだという説がある。その源流とされる一軒が昭和二十九年（一九五四年）創業の「六本木シシリア」だが、しかしこの店の系譜を辿れば、そもそもは本牧の「イタリアンガーデン」に遡《さかのぼ》る。慶應ボーイだった堀井克英さんが、遊びが過ぎて親に勘当されつつも、アメリカ人をオーナーに始めたイタリアンレストラン。戦後に潜水艦から降り、仕事を求めていたイタリア人コックをシェフに据えたと、二代目で長女の岩野友利恵さんが教えてくれた。狭い艦内だから、四角いテーブルにきっちりのるようピッツァを四角く焼いたというが、オーブン庫内の有効活用でもあったのではないかと思う。それに四角いピッツァはイタリアにもある。でも、そのコックの出身地も正確には不明だそうで、今となっては何を参考にしたのかわからない。

その後昭和二十九年、堀井さんは独立して東京・港区芝（田村町）に「シシリア」を構えたが、六本木にＰＸ（占領軍のショッピングセンター）ができると聞いて、六本木交差点へ移転。ちなみに店名は、イタリア地図を前に目をつむってエイっと指したところがシチリア島だった、その英語読みだ。「シシリア」で再現した四角いピッツァは、クレープよりさらに薄く、パリパリの生地になった。正式にはピッツァパイといって、おつまみになる軽さが身上。イタリア人に教わり、日本人によって工夫が凝らされ、アメリカ人の好みにピントを合わせた、六本木育ちのピッツァである。バジリコもモッツァレラチーズも手に入らないから、しそや北欧のチーズで代用していた。固定レートで一ドル三六〇円の時代に、一枚三五〇円。日本人には高級だが、アメリカ人には安いから溜まり場となり、やがて東京の感度の高い人々が匂いをかぎつけてきた。

遊び人という特権階級は、何が格好いいか知っている。旧「シシリア」の、地下へ潜《もぐ》り込むような甘美なる後ろめたさ。穴蔵に陽が射すように、パッと輝く赤のギンガムチェック。同じ種類の遊び人たちが残した落書き。十年ほど前にビルの建て替えが決まったとき、友利恵さんは、それでもやめるわけにはいかないと思った。「もう父だけの店じゃないから」。そう、「シシリア」はとっくに、一つの文化になってしまったのだ。

ピッツァパイ ミックス1,000円（税込）のトッピングは、ペパロニ（サラミ）とマッシュルーム。
極薄の生地は麺棒で延ばしている手打ち、濃厚なトマトソースは自家製。

店は新しくなったが、扉のSICILIAというロゴは昔のままにお客を迎える。
たくさんぶら下がっていた、菰（こも）巻きのキャンティの瓶も片隅に。

日本人の喜びに徹する

コルシカ

住：東京都渋谷区恵比寿南3丁目4－17
電：03－3713－4496
営：17時～23時LO
休：水曜定休

代官山寄りの恵比寿、鎗《やり》ヶ《が》崎《さき》交差点あたりにある「コルシカ」。まず、名前にしびれる。かつて古代ローマ帝国の統治下にあり、現在はフランス領である島の、イタリア語の呼び方だ。だが由来の真相は、オーナーシェフ・重本一夫さんの故郷で繁盛していた店の名前。彼は日本のイタリア料理の黎明期、「銀座イタリー亭」で修業した人だ。

大阪万博が開催された昭和四十五年（一九七〇年）、大半の日本人がまだボンゴレもカルボナーラも知らない時代に開店した、イタリア料理店である。カルパッチョはさしみ、ボッタルガは唐墨《からすみ》、リゾットは洋風がゆと訳した時代、重要なのは、本場そのものかどうかではなかった。日本人に喜んでもらうこと。だから料理には、醬油や昆布といった和の味を組み込んだ。あさりとほうれん草のスパゲティでいえば、あさり出汁を吸い込んだパスタがどうしようもなくほっとするのは、わずかに隠した醬油のせいだ。あからさまにはわからない、理由はわからないけど馴染み深い感じ、に落とし込むのである。現在、シェフを務める篠田孝行さんは、「コルシカ」で三十七年になる。

「重本シェフはとんでもなく仕事が早くて、それでいて丁寧なんです。私など三分に一回は怒られていました。うちは、早い・うまい・安いが信条ですからね」

何しろバブルの時代は夜だけで七、八回転もしたというから驚きだ。現在は予約可能だが、不可の頃は著名人といえども並んで待った。この昭和六十年頃に完成したメニューが、イカスミのスパゲッティ。ヴェネツィアの郷土料理だが、日本人はほんのわずかな臭みにも敏感だから、と鮨屋に頼んで鮮度のいいイカスミを集め回ったという。それでもまだ臭みが残り、白身魚の出汁と香味野菜などを三時間、大量に煮込むこと、鉄のフライパンでなく鍋でパスタと合わせることでようやく解決。しかし今度はなめらかさが足りない。ということで煮込んだソースを撹拌し、納得できる舌触りを得た。

もしも本場を目指すなら、ざらっとした風味もイタリアの味、という答になるだろう。けれどあくまでも「日本人のおいしい」に徹したところに、一つの高みがあると思う。イタメシブームがきても、イタリア帰りの料理人が台頭する時代も、「コルシカ」の料理は東京の人々を離さなかった。恵比寿や代官山がどんなお洒落な街になろうが、子どもからおばあちゃんまで喜ぶ味を半世紀も続けている、という事実にしびれるのだ。

篠田シェフは、昭和58年から「コルシカ」へ。山高帽をきりっと被り、
黙々と、十分に見事なスピードで料理を仕上げる。

間接照明に浮かび上がる、花びらにも思える壁の手仕事。
昭和プロダクトのキッチュな床のタイルも、ともに左官職人によるもの。

漆黒の、イカスミのスパゲッティ1,600円（税込）。後からふんわりと
バターの香りが立ち上る。食べやすいようスプーンもセットされている。

九章

すべては港で始まった

外国の料理と料理人は、もちろん海を渡って日本へ来た。
港町には、彼らを迎える西洋式のホテルが建った。
それだけでなく、国の要人など賓客を乗せた豪華客船の上には
最高峰の西洋の料理があり、料理人が育てられていた。
終戦後、外国航路の船や軍艦に乗っていたコックたちは港に降り、
港町には、外国人のための飲食店が増えた。
横浜——日本だけど、ほぼ外国だった場所の名前である。

センチメンタルなハヤシライス

グリル・エス

住：神奈川県横浜市中区相生町5丁目89番地
電：045-681-2581
営：月曜～土曜11時30分～13時45分LO、
月曜～金曜17時～21時LO（土曜・祝日は～20時30分LO）
休：日曜、祝日の月曜、第1・3月曜定休

戦後、新しくてカッコいいものはなんだって横浜からやってきた。「シシリア」だってルーツを辿れば本牧の「イタリアンガーデン」だ。六本木よりずっと早かった横浜。港町、GHQ、貿易商に船乗りたち。なかでも日本郵船など外国航路のコックが陸《おか》に上がって散らばった影響は大きく、洋食が街場に広がった理由の一つになっている。

昭和二十九年（一九五四年）、横浜・馬車道に創業した「グリル・エス」も、日本郵船の料理人を迎えて始めた洋食屋だ。初代は女将の鈴木哲子《のりこ》さん。伊豆の食堂の家に生まれ、横浜で育ち、山手《やまて》の女学校を出たお嬢さんである。結婚して子をもうけたが戦後に離婚して、女手一つ、三十八歳のときに店を構えた。現在二代目の美恵子さんは娘さんで、私は家よりお店で育ったようなもの、という。

「小学六年生のときなんてまだ、冷蔵庫も電気製品なんかなくて木製の箱に氷を入れるタイプ。母は着物姿で店に立っていて、とにかく忙しかったですね」

馬車道は、買い物ストリートの元町、呑み屋街の野毛《のげ》、中華街に県庁街などをつなぐ位置にあって、毛色の違う人々がごちゃ混ぜになる。美恵子さんは子どもの頃からあらゆるお客と接し、よく働き、短大を出て結婚しても店を手伝い続けた。哲子さんが六十歳を迎えたのを機に女将業をバトンタッチ。結局、人が好きなのね、とたおやかに笑う。「グリル・エス」の品のよさは、二代にわたる女将、いやマダムの人となりではないかと思う。エプロン姿で踊るように動き回り、山手の言葉を話す美恵子さんは、東京とも違う、どこか外国の匂いがする横浜美人。古い写真を見せてもらったら、哲子さんもすこぶるお綺麗だ。そのせいか知らないが、横浜の政治・経済・文化を動かす重鎮たちに「グリル・エス」の常連は多い。ボリュームたっぷりながら、みなさんペロリだ。

「一皿でおなかいっぱいになるのが洋食のいいところ。昔の人ほど豪快です」

父親のような人々に料理を作ってきたシェフ、大武剛さんは昭和四十二年生まれ、十五歳からこの店で料理を覚えた生え抜きである。最近はオムライスに注文が集中することも多いけれど、何度繰り返そうと毎回「一番好きな人に作る気持ち」であるように気を引き締めているという。なるほど、ランチタイムに見回せば、ほぼ全テーブルを黄色い勢力が制圧していた。最近、インスタグラムに誰かが載せるとそればかり注文されるという報告をいろんなお店で聞くけれど、そのせいだろうか。

たしかにおいしくてボリュームたっぷり、でも、今日の私は強い気持ちでハヤシライスである。ベースになるデミグラスソースは、一鍋に二〇キロの玉葱を使い、牛スジは一度焼いて、鶏ガラと人参、セロリを加えてゆっくり煮込む。毎日火を入れては漉し、を繰り返すこと一週間。さらに一週間休ませてやっと完成だ。小麦粉を使わず、手間暇でとろりとさせるところまで到達させるのが「グリル・エス」流。ざっと手順を書けばこうなるが、きっと肉の掃除（余分な脂やスジを取り除くこと）も、野菜の皮むきも丁寧にされているのだろうなと思わせる。野菜の甘味だけでなくほろ苦さもしっかり残り、味わうにつれ複雑さがわかっていくのに、最後はまろやかな印象で終わる。なんというか、切ないほどに人懐っこい味わいである。

このセンチメンタルな洋食を、マダムの館で食べている、という港町感。建物は更地《さらち》から設計した一軒家である。レンガを積んだマントルピース（暖炉）の設えに、斜め格子の窓。ブラウンのエキゾティックなレースカーテンから注ぎ込む、薄い陽射し。お客らは背もたれの高い欧風の椅子に、うやうやしく通される。ふと、店の一角に、ウイスキーのキープ棚を見つけた。ワインを葡萄酒と呼んでいた時代、ハイカラなお酒といえばウイスキー。ボトルキープは店とお客にとって相思相愛の印だ。ちなみに銘柄がスーパーニッカとオールドパーって、やっぱりハマっ子はどこまでもカッコいい。

石造りの暖炉の上には、煉瓦と木の飾り棚。店は改装してから半世紀ほど経つが、
この一角は創業時のまま。店の設計を任されたのはお客の一人。

扉に風景画の描かれたキャビネット、ステンドグラスのランプシェードなど、
家具にも異国情緒が漂う。貿易商の邸宅のような、別荘でもあるような。

2週間かけて完成するデミグラスソースを100％味わえる
ハヤシライス1,320円（税込）。サラダつき、らっきょうと福神漬けは別皿に。

居留地でじゅうじゅう

山手ロシュ

住：神奈川県横浜市中区山手町２４６番地 カーネルスコーナー1階
電：０４５－６２１－９８１１
営：11時～19時30分ＬＯ（14時30分～17時は喫茶メニューのみ）
休：月曜、火曜定休

横浜の丘の上、山手にはかつて居留地があった。「山手ロシュ」はそのエリア、外国人墓地の目の前に建つ、鉄柵の装飾が素敵なマンションの一階に収まっている。墓地の緑に面した側は一面ガラス窓。サンルームにも似ていて、そういえば欧米の人は絶対にテラスか窓側を選ぶなぁと思い出した。彼らにとって食事というものは、陽を浴びて、または景色を眺めて、あわよくば景色の中でする行動なのだ。

ロシュはフランス語で、岩石。昭和四十二年（一九六七年）の開店当時は、石造りの壁だったからだ。今は城壁を象《かたど》った看板やロゴマークに面影が残っていて、これが可愛らしい。手作りのフォントに違いない、微妙な線の不均一さがとてもいい。カタカナ書きのロシュの「ロ」も上が丸く膨らんでいる、きっとお城の窓の形だなと想像している。

そもそもは香料の会社を営む姉弟が始めた店だというから、「素敵」に振り切ったのだろう。春夏は茶色、秋冬は赤いチェックのテーブルクロス。お皿もまたノリタケのオリジナルで、北欧的な青い色彩で描かれた花の紋様《もんよう》はとてもロマンティックだ。高度経済成長期の山手で、洋食は最先端の料理。外国人客を中心に、ちょいワルな日本人のお客も混ざって深夜まで賑わったという。つまり、山手で洋食は大人のものだった。

小判型のハンバーグが、鉄皿でじゅうじゅう音を立てながら現れる。ちょっと落ち着いたところを見計らってナイフを入れ、急いで口に運ぶと、待ってましたと肉汁が溢れ出す。すると甘めのデミグラスソースとあいまって、噛むほどに肉の香りが迫ってきた。

「うちの味は、素材感を最も大切にしています」

現在、シェフを務める小林良能《よしのり》里さんは、ごはんと合うように、とつけ加えた。ハンバーグは元町の決まった肉屋で決まった粗さに挽いてもらい、挽きたてを使う。コクと味わいを計算した国産牛・和牛のブレンドに、しっとりとした食感を出すための豚肉を七対三で混ぜている。玉葱は飴色にソテーして、卵は全卵を使い、つなぎのパン粉は最小限。何より肝心なのは、その日の朝に材料を合わせること。

今の「山手ロシュ」は、大人だけでなくみんなのものだ。フランス山、アメリカ山、イタリア山があり、七つの洋館や港の見える丘公園も近い。散歩して、おなかを空かせて、陽を浴びて食べたいと思う、健全なハンバーグである。

（上）城壁をモチーフにした、外国っぽい吊り看板。
（下）窓に広がる外人墓地の緑、ゆったりとした山手時間が流れる。

ハンバーグステーキ1,300円。ライス、パンは各250円。
サラダ、ライスまたはパン、飲みもののセットは1,850円（すべて税込）。

港の男たちのおなかを満たす

ホフブロウ

住：神奈川県横浜市中区山下町25番地1
電：045‐662‐1106
営：月～金曜11時～14時30分LO、17時～22時LO
　土・日・祝日11時～22時LO
休：無休（12月31日を除く）

スパゲッティ・ピザ風焼き＝スパピザ。キムタク的発想で名づけられた「ホフブロウ」の名物料理は、横浜生まれだ。ミートソース・スパゲッティをベースに、ピザの三種の神器《じんぎ》であるピーマン・玉葱・ベーコン、さらに小海老をプラス。ミックスチーズをたっぷりかけてオーブンでとろけさせた、まことにジャンクな食べものである。ガタイのいい港の男たちのおなかを手っ取り早く満たしつつ、最大公約数の大好物を合体させつつ、熱々のぶくぶく。単純明快。しかし意外と飽きないのは、味の変化を自分で作れるからだろうか。最初はチーズのカリカリになった部分だけすくい取って食べる。パスタだけ味わう。チーズと合わせてみる。タバスコを振って調味する。その合間、合間にビールで舌をクールダウンさせたくなるのは、周到な作戦なのか？

この名物が生まれたのは、移転した昭和五十五年より後である。「ホフブロウ」はもともと、海岸通りの教会前で昭和二十二年（一九四七年）に開店した。初代はフィンランド人貿易商のコモルアンドコモル氏説と、土産店を営むハンガリー人のコモル・ジョージ氏説がある。旧店舗はミュンヘンのビアホール「ホフブロイハウス」をモデルにしたとか、いやノルウェー人デザイナーの設計だとか、これまた確証がない。何しろ戦後の混沌とした時代に外国人が開店して、何人もオーナーが代わっているのである。

ただ、移転前の古いメニューが残っていた。見ると、なんとも魅力的な〝世界の料理〟が並んでいる。鰊《にしん》のロシア風カクテル、ドイツ風グリンピーススープ、虹鱒《にじます》のバター焼き、シャトウブリアンにシシケバーブまで（表記はメニューのまま）。サンドイッチにピザもあるのは、当時の店がモーニングからディナーまでカバーしていたからだ。日本語の前に英語で書かれ、スパゲッティが一ドル以下で食べられたということは、外国人の船乗りたちで賑わったに違いない。

昭和三十年代の日本映画黄金期になると、横浜はちょっと不良っぽい匂いがたちこめる、青春の街になった。「ホフブロウ」もまた、日活の『霧笛が俺を呼んでいる』をはじめとした映画の舞台として登場。以来、この店はオーナーを代えながらも、次の時代へと引き継がれてきた。今、新しくなった店舗にポンと置かれた木製ラジオや蓄音機、地球儀にコインゲームなんかが、アウトサイダー時代の横浜の気配を伝えている。

ケチャップではなく、ホールトマトを煮詰めて香辛料を利かせた、
ミートソースで作られる。ゆうに2人前はあろうかという、スパピザ1,650円(税込)。

艶やかなロングカウンターに丸いスツールは、サッと寄って一杯引っかける
船乗りたちを想像させる。中央にはサックス型のビールサーバー。

入口には、木製の冷蔵庫にレジスター。特別なものとして“飾る”のでなく、
新しいものと同居していることに、この店が積み重ねてきた日常を感じる。

十章

ごはんの国のクリエイション

日本人は西洋に憧れて、あるいは必要に迫られて
行ったこともない国の料理を勉強し、想像し、再現した。
けれど、食べるのは日本人。ごはんの国の人々だ。
ごはんへのなみなみならぬ欲求、食べ手の嗜好に合わせたいという気持ち、
そしてアクは丁寧にすくうような国民気質。
これらによって洋食は、日本独特の育ち方をした。
世界のどこにもない料理。だけど、世界をちゃんと尊敬している料理だ

サリー・ワイルさんのスピリット

ホテルニューグランド コーヒーハウス ザ・カフェ

住：神奈川県横浜市中区山下町10番地
電：045-681-1841（代表）
営：10時〜21時LO（コース料理は20時30分LO）
休：無休

日本の洋食にお父さん、いや、祖父がいるとすれば、それは横浜「ホテルニューグランド」の初代総料理長、サリー・ワイルさんではないだろうか。パリから来たスイス人シェフが、ナイフフォークなど見たこともない日本人コックに西洋の料理を教え、育て、ここから多くの西洋料理人が巣立っていったのだ。昭和二年（一九二七年）、ホテルの開業とともに総料理長に就任した当時、ワイルさんは、おそらく愕然としただろう。日本では料理人が裸足に草履履き、暑いからと裸で調理する者もいた。シェフは彼らに靴下を履かせ、上着を着せることから始めねばならなかったのだから。欧米では常識の衛生観念を養うため、自らが先頭に立って一日三回、調理場の床も掃除していたそうだ。

彼はまた、メインダイニングとは別に「グリル食堂」を発案。〝グリル〟とは、当時フォーマルとされていたコース料理に対し、アラカルトで提供する店のこと。ワイルさんは外国人宿泊客のために、フランスにとどまらずロシアやドイツ、イタリアなど幅広い国の料理を作った。昭和十年のメニューリストには、こんな一文が載っている。

〝コック長は此のメニュ以外の如何《いか》なる料理にても御用命に應《おう》じます。〟

お客の要望に応じて、メニューにない料理も作りますよ、ということ。そして、この姿勢から誕生したのがドリアである。宿泊中の銀行家が体調を崩し、「何かのどごしのいい（食べやすい）ものを」というリスエストに、当時流行のグラタンとごはんを合わせたという。のどごしでグラタン？　と思うなかれ、ひと口食べれば納得である。バターライスを覆うベシャメルソース。これが淡雪のようにふわりとく軽く、バターの香りを残しながら、するするとなめらかに溶けていく。銀行家も元気が出たに違いない。

現在、総料理長を務める宇佐神《うざがみ》茂さんによると、今でも同じ作り方をしている。というので訊いてみたら、気が遠くなった。ルウを裏ごしてから、温めた牛乳でゆっくりのばしたベシャメルソース、それを熱いうちに目の細かい布で「搾る」のだ。

「プチプチ音を立てるほどの熱々を、二人がかりで。シノワ（金属製の濾し器）では、独特のなめらかな口あたりと艶やかさが出ないんですね。布でなければ駄目なんです」

重ねるオランデーズソースにも空気を含ませ、ふわふわの二重奏。バターはすべて澄ましたものを使い、バターライスの米も洗って使う（西洋では洗わずに使うことが多い）。

外連味《けれんみ》のない味は、そうした律儀な仕事から生まれている。

おなじみのスパゲッティ ナポリタンは、二代目総料理長、入江茂忠さんの発案だ。ワイルさんの一番弟子であり、「ホテルニューグランド」では神と呼ばれる人物である。戦後七年間に及ぶ進駐軍の接収時、アメリカ兵がスパゲッティとケチャップを和えて食べるのを知った入江さんは、ケチャップではなくトマトの生とペーストを使い、パルメザンチーズにパセリをかけた料理をあみ出す。中世のナポリで、トマトソースのパスタを屋台で売っていたから「ナポリタン」（当初はフランス風に「ナポリテーヌ」）。

このパスタもまた泣ける。アルデンテでもボイルオーバーでもない、弾力の中に歯が沈んでいくような独特の食感は、ゆでたてを冷水で締めてから一晩寝かせることで実現していた。ソースは生トマトの酸味をベースに、水煮の旨味、ペーストのコクを重ね、煮詰めてから一晩熟睡。これらが翌日ようやく鍋の中で出合え、さらに具材やブイヨンやバターでレストランの味に昇華する。ちなみに生トマトは皮をむいて種を取り角切りにするが、トマトがいつでも手に入る現代と違い、昔は旬の夏場にまとめて一〇〇ケース単位で仕込み、保存した。新人コックらが手もエプロンも真っ赤にして向き合ったトマトが主役。彼らの仕事にも敬意を表して、宇佐神さん曰く、「ナポリタンは野菜料理」だ。シェフがコックを思い、コックがシェフを父と慕う、家族的なホテルは今年で九十三周年。ワイルさんの「育てる」スピリットが、今も生き続けている。

開業時そのままの姿を留める、本館の大階段。イタリア製タイルの風合いに、
ニューグランドブルーと呼ばれる青い絨毯。設計は、銀座和光などを手がけた渡辺仁氏。

開業から使い続けている横浜家具が置かれた、本館2階ザ・ロビー。
和洋折衷の美しさ。この歴史的建造物に、誰でも自由に立ち寄れる。

バターライス、小エビのクリーム煮、ベシャメルソースにチーズを重ねた。
いたわるようなやさしさのシーフードドリア2,530円(税込)。

ロースハムの旨味も豊かな、スパゲッティ ナポリタン1,980円(税込)。
濃厚で深みのあるソースながら、バターの風味で後味はまろやか。

スターをスターがドッキング

銀座スイス

住：東京都中央区銀座3丁目5－16
電：03－3563－3206
営：11時～21時LO、日曜・祝日 10時30分～20時30分LO
休：無休（年末年始を除く）

ポークカツと、カレー。それぞれがいくら大好物でも、これだけ強烈な個性のスター同士をドッキングさせようなんて発想は、なかなか思いつくものじゃない。それを千葉茂さんはやってしまった。私は当時を知らないけれど、千葉さんもまた往年の巨人軍スター選手だそうだ。行きつけの「銀座スイス」のカウンターに座ったときのこと、厨房で一人分ずつ温められるカレーを見てひと言、「そのソースとカツレツを一緒にしてくれ」。で、ぶくぶくいってる茶色いソースと揚げたてのポークカツがドッキング。絡ませ、軽く煮込んでごはんにかける。カツ丼のカレー版といった感じで、見た目は綺麗なものではなかったけれど、千葉さんは大満足だ。そんな裏メニューが話題となり、食べたい人が増え、だったら表メニューにと整えたのが、千葉さんのカツカレー。

「ナイフフォークはまどろっこしいという豪快な人でしたから、カツもカレーもスプーン一つで食べられるのがお気に入り。晩年はコロッケカレーも召し上がっていました」

教えてくれたのは三代目の庄子あけみさん。彼女の祖父が「銀座スイス」の創業者、岡田進之助さんだ。明治十五年創業の宮内省御用達「宝亭」をはじめ、首相官邸や国会内で総料理長を務めた西洋料理界の重鎮。戦争を経て昭和二十二年（一九四七年）、「洋食をみなさんに」と始めた洋食屋。当時の日本では、西洋への憧れから外国の地名をつける店は多かったが、「スイス」は平和の象徴で美しい国だから、とあけみさんは語る。

跡を継いだのが、娘夫婦の庄子敏松さんと静子さん。あけみさんのご両親である。お二人はすでに引退されたが、現在の「銀座スイス」料理長は三十年選手。さらに初代料理長も、五十年あまり務めた二代目料理長も健在で、ときどき顔を出し支えてくれるから盤石だ。彼女自身も小さい頃から「銀座スイス」の味を知っていて、時代による食材や道具の変化はあれど、「これこれ、この味」というピンポイントに導くことができる。

「カレーソースは、玉葱、人参、りんご、生姜などをすりおろしてから煮込みます。さらっとしたカレーだから、カツと相性がよかったのかもしれません」

あけみさんの代になってから、たとえばオムライスにコロッケ一個、エビフライ一本からトッピングできるなど、自分の好みによりフィットさせるシステムになった。食べ手の自由を尊重するカスタマイズは、「銀座スイス」のＤＮＡなのかもしれない。

オリジナルのポップな小判皿に、120gの豚ロースカツが大迫力。
千葉さんのカツカレー1,700円(税別)。カップスープつき。テイクアウトも可能。

今年で創業73周年。銀座7丁目の2階建てからスタートし、
40年ほど前に3丁目へ移転。煉瓦のタイルは移転時のまま。

洋食という発明

煉瓦亭

住：東京都中央区銀座3丁目5－16
電：03－3561－3882
営：11時15分～14時15分LO、
16時40分～20時30分LO（土曜・祝日は20時LO）
休：日曜定休

明治二十八年（一八九五年）という、日本の洋食黎明期に生まれた「煉瓦亭《れんがてい》」は発祥のオンパレードだ。ポークカツレツにオムライスにハヤシライス。初代の木田元次郎《きだもとじろう》さんは、後に洋食の王様となるメニューの原型を次々と生み出した。発祥には諸説あるが、同時多発にせよ、元次郎さんがこれらをクリエイトしたことには違いない。どうやら好奇心の塊で、四代目の浩一朗さん曰く「発明家みたいな人」。明治十三年、浅草に生まれて、料理人になるまで一〇〇以上の職を試したという。旅芸人一座、相撲部屋……どこにでも飛び込んでみるものの、こりゃ駄目だと見切りをつけるのも早かった。上野の博覧会で「西洋の時代」を予感し、横浜へ向かったときから、料理が一生の仕事になった。「煉瓦亭」は銀座、今の松屋横で開業した（後に柳小路へ移転）。煉瓦街にガス灯が点り、築地の居留地も近い、西洋化最先端の街。外国人相手の西洋料理店で、彼はジビエも自分で仕留め、解体して使ったそうだ。だが居留地がなくなると、今度は日本人がお客になる。そこで彼らの舌に合わせ、さまざまなメニューが考案されたというわけだ。

　ポークカツレツは、仔牛のコトレットを関東で手に入れやすい豚に替え、骨つきをロースに替えた。パン粉は西洋式の細粒でなく、木村屋のパン（当時）を粗くおろした。画期的だったのは、ソテーに近い焼き方から、天ぷらのように揚げる方法にしたこと。深鍋を使って泳ぐほどの油の中で火を通し、油切れのよいカラッとした食感に仕上げたことだ。このカツレツがヒットすると、元次郎さんは海老に牡蠣など次々と揚げ始め、魚介のフライも完成させる。当初は温野菜を添えていたが、日露戦争で人手不足に陥り、切るだけで加熱が要らない＝人手が要らないキャベツの千切りに変更したという。

　それが後世のスタンダードになったのだから本人はびっくりかもしれない。しかし、まだまだあるのだ。お客にごはんを所望され、さて茶碗も変だし、とパン皿に盛った。ごはんを食べるマナーなんて西洋にはないから、じゃあフォークの背にのせたらひっくり返さなくていい、とお客に伝えた。まったく、必要は発明の母である。

　ごはんへの欲求が強い明治人のおかげで、ハッシュドビーフをかける発想のハヤシライスが生まれ、まかないのごはん入りオムレツ（卵にごはんを混ぜて焼いたもの）がメニュー化された。それらの陰で目立たないが、ハムライスというひと皿もある。これまた誰か一人の強い欲求——ハムだらけのごはんを食べたい——から生まれたのではないか、と私は睨んでいる。マッシュルームとシャキシャキの玉葱、グリーンピース、そして刻んだハムをたっぷりと混ぜて炒めたバターライス。の上に、かりかりに焼いた厚切りのロースハムが一枚。まさにハム好きの、ハム好きのための作品に思えてならない。

二代目、孝一さんは最も厳しい時世を生き抜いた人だ。関東大震災、満州事変、戦争。生きて戻ってくれれば銀座は焼け、柳小路の土地は接収され、支店があったこの三丁目で再開した。その後、東京オリンピックの年に建物をビルに建て替え、高度経済成長期の発展を支えたのが三代目の明利さん、現在が四代目の浩一朗さんである。

「元次郎がメニューの発案者なら、味の礎を築いた人は祖父、二代目の孝一です。祖父からは〝中庸《ちゅうよう》であれ〟とよく言われました。高級に合わせるでも大衆に合わせるでもなく、どんな人でも来やすいように。『煉瓦亭』は銀座のミドルクラスであれと」

創業から一二五年。今日も「煉瓦亭」のポークカツレツはこざっぱりと、端正だ。大きな半月の形をして、パン粉がピンピン立っている。ナイフを入れるとサクッ！　という音が本当にする。レモンなどないが、それでいいのだ。立ち上る脂の甘い香りと、衣の歯ざわりと、ロース肉の旨味をまっすぐに味わう。肉には塩がしみ込んでいるからウスターソースもなくて十分。これが原型。おいしいだけでなく、百年おいしいスタンダードを創った元次郎さんの洋食は、たしかに大発明だ。

地階、1階、2階が客席。階段まわりの鉄柵デザインは昭和中期のもの。
地下へと続く階段には、銀座が煉瓦街だった明治時代の貴重な煉瓦が使われている。

（上）なんという清潔感。ハムライス1,800円（税込）は陰なる人気メニュー。
（下）店の前は、銀座ガス灯通りと呼ばれる。正面は昭和39年建て替え時のまま。

一瞬たじろぐ大きさながら軽く食べ切れる、元祖ポークカツレツ2,000円（税込）は
明治32年に誕生。女性の給仕は、淡いピンクの制服に前かけ姿。

参考文献（五十音順）

『カレーライスと日本人』森枝卓士／講談社
『近代日本食文化年表』小菅桂子／雄山閣出版
『散歩のとき何か食べたくなって』池波正太郎／平凡社
『「昭和」を知る本 1〜3』日外アソシエーツ
『初代総料理長サリー・ワイル』神山典士／アドレナライズ
『史料が語る大正の東京１００話』日本風俗史学会
『西洋食事史』山本直文／三洋出版貿易
『西洋料理人物語』中村雄昂／築地書館
『戦後にみる食の文化史』山口貴久男／三嶺書房
『たべもの語源辞典』清水桂一／東京堂出版
『東京・銀座 私の資生堂パーラー物語』菊川武幸／講談社
『東京の味』角田猛／白光書林
『とんかつの誕生 明治洋食事始め』岡田哲／講談社
『にっぽん洋食物語大全』小菅桂子／ちくま文庫
『日本三大洋食考』山本嘉次郎／昭文社出版部

『日本司厨士協同会沿革史』／日本司厨士協同会
『日本食生活史年表』西東秋男／楽游書房
『日本の食文化史年表』江原絢子・東四柳祥子／吉川弘文館
『日本の洋食 洋食から紐解く日本の歴史と文化』青木ゆり子／ミネルヴァ書房
『値段史年表』週刊朝日編／朝日新聞社
『秘蔵写真で綴る銀座１２０年』銀座15番編集部／第一企画出版
『ファッションフード、あります。はやりの食べ物クロニクル １９７０－２０１０』
畑中三応子／紀伊國屋書店
『ふでばこ 34号 特集「洋食」』白鳳堂
『明治・大正・昭和 食生活世相史』加藤秀俊／柴田書店
『明治 大正 昭和 百味往来』全日本司厨士協会西日本地区本部
『洋食の店』高橋幹夫／柴田書店
『ヨコハマ洋食文化事始め』草間俊郎／雄山閣出版

あとがき

とある雑誌の、洋食特集を取材したときのことだ。

「今、洋食の料理人を志す人がいないんです」とシェフがため息をついた。若い学生たちは、誰もが〝本場の〟フランス料理やイタリア料理を目指すから。海外修業があたりまえになった今の時代、洋食は〝真似〟の、本物になりきれない料理だと思われているみたいです、と言う。

ゆゆしき問題だと、私は勝手に焦ってしまった。

たしかに文明開化の名のもとに、西洋化が命題とされた時代は、真似から始まったといえるかもしれない。明治政府の肝入りで立ち上げた西洋料理店「築地精養軒」や鹿鳴館を舞台に、西洋の形を必死で覚え、新しい食文化を追いかけた。大正から昭和の戦前までは、宮内省御用達の料理店のほか、海外と日本を結ぶ外国航路の客船でも、賓客をもてなす西洋料理は発達する。

けれど、話はここからだ。ひと握りの高級西洋料理店で修業した料理人たちは、やがて独立のために街場へ飛び出して、散らばり始めた。そうなったら彼らのお客は西洋人でなく、日本人に取って代わる。

生魚にお醤油をつけて食べ、納豆でもすき焼きでも、なんでもかんでもごはんにのせてしまう国民。「白いごはんが最高のご馳走」だと信じている人々だ。第一、西洋料理を作るコック自身だってこっちの部類。というわけで、街場の料理人は「ごはんに合う」という基点に向けてチューニングを始めるのである。

言ってみれば、ここからはもはや真似なんかじゃない。西洋料理から「日本の洋食」という道なき道へ、ひとり歩きを始めたのだから。先人のたくましくも豊かな発想力で、西洋のコートレットは天ぷら鍋で揚げる洋食のカツレツに姿を変え、オムレットにはいつの間にかごはんが紛れ込んでオムライスなる名前がつけられた。

すべては白いごはんのために。

だが、ここで重要なのは、昔の日本人の気質である。お母さんたちが味噌汁の味噌を濾し、鰹出汁は沸かさずに鰹節を引き上げるような仕事を、台所で普通に行っていた時代。庶民に至るまで、その些細な工程によって食感や味に違いが生まれることを承知し、かつ、そうでなければ味噌汁じゃない、出汁じゃないというほど大きな違いと捉えていた。

そんな人々を満足させなければならないわけだから、必然、プロの洋食はじつに繊細な感覚と根気を持って作られることになる。

たとえばデミグラスソース。古典的な味、手間と時間のためフランスでも作られなくなったといわれるこのソース、洋食では現代でも要である。

日本では「濾す」「アクを取る」といった作業が潔癖なまでに徹底され、「待つ(煮込む、寝かせる)」時間さえ神事のように行われ、結果、日本基準のなめらかさや、雑味を許さない透き通った味わいを実現した。キャベツの千切りだって、葉脈を断つか、沿わせて切るか、で生じる食感の違いが重大問題。

まったく、そこまで突き詰めるのかと驚いている私はすでに、外国人に近いのかもしれない。さまざまな洋食の礎を築いた「煉瓦亭」の創業者は発明家のような人だったそうだが、たしかに、神が細部に宿っている洋食は発明品。世界のどこにもない、日本のクリエイションである。

そして今も、洋食は続いてくれている。この事実は、戦後急速に変わってしまった日本において、ちょっとした奇跡だと思うのだ。海外の星つきレストランで働くにも格安航空券で行ける時代、日本人はもはや出汁を取らなくなったし、修業という言葉も死語になりつつある。

そういう二〇二〇年の日本で、しかし洋食はつながれている。先人の教えを守り、日々の役割をまっとうしようと努める料理人たちの手によって。地道、積み重ね、決まりごと。私たちが背を向けたがるこれらの仕事は、愚直だけれど、美しい。令和の時代も、もっと先も、日本が誇るこの美しい洋食を食べられますように。

最後に、ご協力いただいた料理店のみなさま、長丁場の仕事を常に楽しくさせてくださった編集部の関根千秋さん、写真家の吉次史成さん、「tento」デザイナーのみなさまに心から御礼を申し上げます。

井川直子

Naoko Ikawa

文筆業。料理人、生産者、醸造家など、食と酒にまつわる「ひと」と「時代」をテーマにした取材、エッセイを執筆。著書に『変わらない店 僕らが尊敬する昭和』(河出書房新社)、『昭和の店に惹かれる理由』『シェフを「つづける」ということ』(以上ミシマ社)、『僕たち、こうして店をつくりました』『イタリアに行ってコックになる』(柴田書店)。2019年に私家版『不肖の娘でも』(リトルドロップス)も上梓。雑誌ではdancyu「東京で十年」、料理通信「新米オーナーズ・ストーリー」、d LONG LIFE DESIGN「つづく店のやさしさ」、食楽「地球は女将で回ってる」を連載中。

東京の美しい洋食屋

2020年6月30日　初版第1刷発行

著者　井川直子
写真　吉次史成
発行者　澤井聖一
発行所　株式会社エクスナレッジ
〒106-0032 東京都港区六本木7-2-26
http://www.xknowledge.co.jp/

問合せ先　(編集) TEL 03-3403-5898／FAX 03-3403-0582
info@xknowledge.co.jp
(販売) TEL 03-3403-1321／FAX 03-3403-1829

●無断転載の禁止／本書の内容(本文、写真、図表、イラスト等)を、当社および著作権者の承諾なしに無断で転載(翻訳、複写、データベースへの入力、インターネットでの掲載等)することを禁じます。

●本書の情報は2020年4月のものです。お店の営業形態／時間等は変更になる可能性もありますので、最新情報をご確認の上お出かけください。